TÄIELIK VÕILILLE KOKARAAMAT

Avastage köögi metsikut külge 100 tervisliku võililleretseptiga

Jelena Kangur

Autoriõigus materjal ©2024

Kõik õigused kaitstud

Ühtegi selle raamatu osa ei tohi mingil kujul ega vahenditega kasutada ega edastada ilma kirjastaja ja autoriõiguse omaniku nõuetekohase kirjaliku nõusolekuta, välja arvatud ülevaates kasutatud lühikesed tsitaadid. Seda raamatut ei tohiks pidada meditsiiniliste, juriidiliste või muude professionaalsete nõuannete asendajaks.

SISUKORD

SISUKORD **3**
SISSEJUHATUS **6**
HOMMIKUSÖÖK **7**
   1. VÕILILL FRITTATA KITSEJUUSTUGA 8
   2. VÕILILLEPANNKOOGID 10
   3. VÕILILLEROHELISED PORRU JA MUNAGA 12
   4. VÕILILLE- JA KARTULIHAŠŠ 14
   5. VÕILILLEROHELINE OMLETT 16
   6. VÕILILLE ROHELISE HOMMIKUSÖÖGI SALAT 18
   7. VÕILILLE ROHELINE HOMMIKUSÖÖK BURRITO 20
   8. VÕILILLE ROHELISE HOMMIKUSÖÖGI RÄSI 22
   9. VÕILILLEROHELINE HOMMIKUSÖÖGIVÕILEIB 24
  10. VÕILILLEMUNA SALAT 26
TEE **28**
  11. VÕILILLEÕIE TEE 29
  12. PUNASE RISTIKU JA VÕILILLE TEE 31
  13. ECHINACEA & ROOTS TEE 33
  14. VÕILILLEJUURE TEE 35
  15. VILGUB BLEND TEA 37
  16. VÕILILLE JA TAKJA TEE 39
  17. VÕILILLE-INGVERI DETOX TEE 41
  18. VÕILILLE-MÜNDI JÄÄTEE 43
  19. VÕILILLE-SIDRUNI DETOX TEE 45
  20. VÕILILLE-APELSINIÕIE TEE 47
  21. VÕILILLE-KANEELI VÜRTSITEE 49
LEIVAD **51**
  22. VÕILILLE BANAANILEIB 52
  23. VÕILILLEÕIELEIB 54
  24. VÕILILLE MAISILEIB 56
  25. VÕILILLE MEE NISULEIB 58
  26. VÕILILLE JA CHEDDARI JUUSTU LEIB 60
  27. VÕILILLE SIDRUNI MOONISEEMNELEIB 62
  28. VÕILILLE PÄHKLI LEIB 64
  29. VÕILILLE RUKKILEIB 66
SUUPÄID JA SUUPÖÖD **68**
  30. NÕGESESEEMNE JA VÕILILLEÕIE ENERGIABATOONID 69
  31. VÕILILLE LILLEPRILLID 71
  32. TÄIDETUD VIINAMARJALEHED ROHELISTEGA 73
  33. VÕILILLEKRÕPSUD 75
  34. VÕILILLE PESTO CROSTINI 77
  35. VÕILILLE HUMMUS 79

36. Võilillepuhvrid 81
37. Võilille ja kitsejuustu tartletid 83
38. Võilill ja peekon Bruschetta 85
39. Võilille ja Ricotta täidisega seened 87
40. Võilille ja Feta Phyllo kolmnurgad 89

PÕHIROOG 91
41. Võilille lasanje 92
42. Võilillemuna nuudlid 95
43. Võililleburgerid 97
44. Võililled ja kartulid juustuga 99
45. Võilille Pesto pasta 101
46. Võilille ja seene risotto 103
47. Võilill Quiche 105
48. Võilille ja kitsejuustu tort 107

SALATID 109
49. Võilillesalat Açaí marjakastmega 110
50. Võilille ja Chorizo salat 112
51. Võilille salat 114
52. Röstitud Pattypan squash salat 116
53. Tomati, kurgi, kõrvitsa ja võilillepurgi salat 119
54. Kikerherne, tomati ja paprika salat purgis 121
55. Peedirohelise, porgandi, peedi ja kirsstomatite salat 123
56. Tomat, kana, kurk, võilillesalat purgis 125
57. Kuskussi, kana ja võilille salat 127
58. Võilillepasta salat 129
59. Närbunud võilillerohelised peekoniga 131

SUPID 133
60. Võilille- ja kartulisupp 134
61. Homaari ja võilillesupp fritüüridega 136
62. Slow Cooker Vegan Bone Puljong 138
63. Võilille ja kikerherne karri 140
64. Võilillekreemi supp 142
65. Poolitatud herne-võilille pungasupp 144
66. Kõrvitsa-võilillesupp 146

MAGUSTOIT 148
67. Bavarois maasikas takjatarretisega 149
68. Hollandi maisipirukas võililleroheliste 152
69. Võililleõie kook 154
70. Võilille šifooni küpsised 156
71. Võilille maapähklivõi küpsised 158
72. Võilille kroonlehe ja sidruni küpsised lehtkapsa sidruniga 160
73. Võilille küpsised 162
74. Võilill Baklava 164

75. Võilille meekook 166
76. Võilille sidrunibatoonid 168

MAITSED 170

77. Võilille marmelaad 171
78. Värske võilillepesto 173
79. Võililleõite siirup 175
80. Võililletarretis meega 177
81. Võilille sinep 180
82. Võilillevinegrett 182
83. Võililleželee 184
84. Võilille kõrvitsaseemne pesto 186
85. Võilille meevõi 188
86. Võilill Chimichurri 190
87. Võilille õieäädikas 192
88. Võilille kroonlehtede seguvõi 194

SMUUTID JA KOKTEILID 196

89. Võilill Chai 197
90. Võilille ja Takjaõlu 199
91. Aiaroheliste mahl 201
92. Smuuti võilille ja basiilikuga 203
93. Ikka tuba Amaro 205
94. Artišoki leht ja apteegitilli mahl 207
95. Vürtsikas ananassi ja rukola mocktail 209
96. Võilille limonaad 211
97. Bradbury võilillevein 213
98. Mint Roheline Vaarika smuuti 215
99. Vürtsikas võililleroheliste mahl 217
100. Maitsev troopiline smuuti 219

KOKKUVÕTE 221

SISSEJUHATUS

Tere tulemast raamatusse "TÄIELIK VÕILILLE KOKARAAMAT", kus asume kulinaarsele seiklusele, et uurida köögi metsikut külge 100 tervisliku retseptiga, mis sisaldavad tagasihoidlikku, kuid mitmekülgse võilille. Sageli eiratakse võililli kui lihtsalt umbrohtu, need on kulinaarse potentsiaali aare, pakkudes rikkalikult maitset ja toitaineid mis ootavad avamist. Selles kokaraamatus tähistame võilillede ilu ja küllust, tutvustades nende kulinaarset mitmekülgsust ja kasu tervisele mitmesuguste retseptide abil.

Sellest kokaraamatust leiate laia valiku retsepte, mis tõstavad esile võilillede ainulaadsed maitsed ja toiteväärtused. Alates särtsakatest salatitest ja rammusatest suppidest kuni soolaste põhiroogade ja magusate roogadeni – iga retsept demonstreerib selle sage alahinnatud koostisosa mitmekülgsust. Olenemata sellest, kas otsite võililli oma tagaaiast või hankite neid kohalikult talupidajate turult pakub see kokaraamat maitsvaid viise nende lisamiseks oma kulinaarsesse repertuaari.

"TÄIELIK VÕILILLE KOKARAAMAT" eristab seda, et see keskendub tervislikule ja säästvale toiduvalmistamisele. Võililled pole mitte ainult maitsvad, vaid ka uskumatult toitvad, täis vitamiine, mineraale ja antioksüdante. Lisades need oma toidukordadesse, avardate mitte ainult oma kulinaarset silmaringi, vaid saate ka sellest toitvast supertoidust kasu tervisele. Olenemata sellest, kas järgite taimset dieeti, uurite metsikut toitumist või soovite lihtsalt oma einei mitmekesisemaks muuta, on võililled igasse kööki teretulnud lisand.

Kogu sellest kokaraamatust leiate praktilisi näpunäiteid võilillede korjamiseks ja ettevalmistamiseks, aga ka suurepäraseid fotograafia mis inspireerib teie kulinaarset loomingut. Olenemata sellest, kas olete kogenud kokk või uudishimulik kodukokk, "TÄIELIK VÕILILLE KOKARAAMAT" kutsub teid omaks võtma köögi metsikut külge ja avastama selle tagasihoidliku, kuid mitmekülgse koostisosa maitsvaid võimalusi.

HOMMIKUSÖÖK

1.Võilill Frittata kitsejuustuga

KOOSTISOSAD:
- 8 muna
- ½ tassi piima
- ½ tl soola
- ½ tl värskelt jahvatatud musta pipart
- 1 spl soolata võid või oliivõli
- 1 keskmine sibul, hakitud
- 2 tassi tükeldatud võilillelehti
- 1 keskmine tomat
- 4 untsi kitsejuustu, purustatud

JUHISED:
a) Kuumuta ahi temperatuurini 350 °F.
b) Klopi kausis lahti munad, piim, sool ja pipar. Kõrvale panema.
c) Kuumutage 10-tollist ahjukindlat panni keskmisel ja madalal kuumusel. Lisa pannile või.
d) Lisa sibul ja küpseta aeglaselt, kuni see muutub läbipaistvaks, umbes 5 minutit. Lisa tükeldatud võilillelehed ja küpseta veel minut või paar.
e) Lõika tomat pooleks, pigista välja (ja visake ära) seemned ja viljaliha ning tükelda hammustuse suurusteks tükkideks.
f) Vala munasegu keedetud sibula ja võilille peale. Küpseta, kuni servad hakkavad panni külgedelt eemalduma, umbes 6 minutit.
g) Puista hakitud tomat ja kitsejuust ühtlaselt frittata peale ning küpseta umbes 15 minutit või kuni munad on hangunud.
h) Võtke frittata kindadena ahjust välja ja laske enne lõikamist 5 minutit pliidiplaadil puhata.
i) Lõika viiludeks ja serveeri kohe. Ülejääkidest saab suurepärase pakitud lõunasöögi kas soojendatult või külmalt serveeritud.

2.Võilillepannkoogid

KOOSTISOSAD:
- 1 tass võilille kroonlehti
- 1 tass pannkoogisegu
- 1 tass piima
- 2 muna
- Või keetmiseks

JUHISED:
a) Sega pannkoogitainas vastavalt pakendi juhistele.
b) Voldi õrnalt sisse 1 tassi võilille kroonlehti.
c) Küpseta pannkoogid plaadil võiga kuldpruuniks.
d) Serveeri siirupi või meega.

3. Võilillerohelised porru ja munaga

KOOSTISOSAD:
- 4 tassi tükeldatud võilillerohelist, paksud varred eemaldatud (umbes 1-2 suurt kimpu)
- 2 supilusikatäit soolata võid, selitatud võid või ghee-d
- 1 suur porrulauk, ainult valged ja helerohelised osad, peeneks hakitud
- 4 suurt muna
- 1/4 tassi murendatud fetajuustu

JUHISED:
a) Kuumuta suur pott soolaga maitsestatud vett keema. Lisage tükeldatud võilillerohelised ja blanšeerige 1–2 minutit. Nõruta rohelised põhjalikult, kurnata puulusikaga ja suru võimalikult palju vedelikku välja.
b) Sulata või või ghee 10-tollisel praepannil keskmisel kuumusel. Prae porrut umbes 5 minutit pehmeks, aeg-ajalt segades. Lisa peotäie kaupa nõrutatud võilillerohelisi. Prae iga peotäis närbumiseni, seejärel lisa veel.
c) Kui rohelised on närbunud, löö munad pannile roheliste peale.
d) Vala peale fetajuust ja küpseta kaaneta, kuni munavalged on hangunud, umbes 5 minutit.

4.Võilille- ja kartulihašš

KOOSTISOSAD:
- 2 tassi tükeldatud kartulit
- 1 tass hakitud värsket võilillerohelist, pestud
- 1/2 sibulat, tükeldatud
- 2 küüslauguküünt, hakitud
- 2 spl oliiviõli
- Sool ja pipar maitse järgi
- Valikuline: keedetud peekon või vorst, kuubikuteks lõigatud

JUHISED:
a) Kuumuta oliiviõli pannil keskmisel kuumusel. Lisa kuubikuteks lõigatud kartulid ja küpseta, kuni need hakkavad servadelt pruunistuma ja krõmpsuma, aeg-ajalt segades, umbes 10-12 minutit.
b) Lisa hakitud sibul ja hakitud küüslauk koos kartulitega pannile. Küpseta, kuni sibul on läbipaistev, umbes 3-4 minutit.
c) Sega juurde tükeldatud võilillerohelised ja keedetud peekon või vorst (kui kasutad). Küpseta veel 2–3 minutit, kuni rohelised on närbunud.
d) Maitsesta soola ja pipraga maitse järgi. Serveeri kuumalt rikkaliku hommiku- või hommikusöögiroana.

5. Võililleroheline omlett

KOOSTISOSAD:
- 2 muna
- 1 tass hakitud võilillerohelist
- 1/4 tassi tükeldatud sibulat
- 1/4 tassi kuubikuteks lõigatud paprikat
- Sool ja pipar maitse järgi
- 1 spl oliiviõli

JUHISED:
a) Kuumuta oliiviõli pannil keskmisel kuumusel.
b) Lisa kuubikuteks lõigatud sibul ja paprika, prae pehmeks.
c) Lisa pannile tükeldatud võilillerohelised ja küpseta, kuni see närbub.
d) Vahusta kausis munad soola ja pipraga.
e) Valage lahtiklopitud munad pannil praetud köögiviljadele.
f) Küpseta, kuni omlett on tahenenud, seejärel keera ümber ja küpseta veel minut aega.
g) Serveeri kuumalt koos röstsaia või värskete puuviljadega.

6.Võilille rohelise hommikusöögi salat

KOOSTISOSAD:
- 2 tassi segatud salatirohelist (sh võilillerohelist)
- 2 kõvaks keedetud muna, viilutatud
- 1/4 tassi kirsstomateid, poolitatud
- 1/4 tassi viilutatud kurki
- 1/4 avokaadot, viilutatud
- 2 viilu keedetud peekonit, murendatud
- 2 spl balsamico vinegretti või kaste omal valikul

JUHISED:
a) Laota taldrikule segatud salatirohelised.
b) Kõige peale tõsta viilutatud kõvaks keedetud munad, kirsstomatid, viilutatud kurk, avokaadoviilud ja murendatud peekon.
c) Nirista salatile balsamico vinegretti.
d) Serveeri kohe toitva ja rahuldava hommikusalatina.

7.Võilille roheline hommikusöök Burrito

KOOSTISOSAD:
- 2 suurt jahutortillat
- 4 muna, vahupuder
- 1 tass hakitud võilillerohelist
- 1/2 tassi musti ube, nõruta ja loputa
- 1/4 tassi riivitud juustu
- Serveerimiseks salsa ja avokaado viilud

JUHISED:
a) Kuumuta suur pann keskmisel kuumusel.
b) Soojenda jahutortillasid pannil mõlemalt poolt umbes 30 sekundit.
c) Eemaldage tortillad pannilt ja asetage kõrvale.
d) Lisage samale pannile tükeldatud võilillerohelised ja hautage, kuni see on närbunud.
e) Lisa pannile munapuder ja mustad oad ning küpseta, kuni munad on hangunud.
f) Tõsta munasegu lusikaga soojendatud tortilladele.
g) Puista täidisele riivitud juust.
h) Keera tortillad kokku, et moodustada burritod.
i) Serveeri salsa ja avokaado viiludega küljel.

8.Võilille rohelise hommikusöögi räsi

KOOSTISOSAD:
- 2 spl oliiviõli
- 2 tassi tükeldatud kartulit
- 1/2 tassi tükeldatud sibulat
- 1 tass hakitud võilillerohelist
- 4 muna
- Sool ja pipar maitse järgi

JUHISED:
a) Kuumuta oliiviõli suurel pannil keskmisel kuumusel.
b) Lisa pannile tükeldatud kartulid ja küpseta kuldpruuniks ja krõbedaks.
c) Lisage pannile tükeldatud sibul ja hakitud võililleroheline ning küpseta, kuni rohelised on närbunud.
d) Tehke räsi segusse neli süvend ja lööge igasse süvendisse muna.
e) Küpseta, kuni munad on soovitud küpsusastmeni jõudnud.
f) Maitsesta soola ja pipraga maitse järgi.
g) Serveeri kuumalt, otse pannilt.

9.Võililleroheline hommikusöögivõileib

KOOSTISOSAD:
- 2 inglise muffinit, poolitatud ja röstitud
- 4 muna, praetud või munapuder
- 1 tass hakitud võilillerohelist
- 4 viilu keedetud peekonit või kalkunipeekonit
- 1/4 tassi riivitud juustu
- Sool ja pipar maitse järgi

JUHISED:
a) Aseta keedetud munad röstitud inglise muffinite alumistele pooltele.
b) Lisa iga muna peale hakitud võilillerohelist, viilu keedetud peekonit ja riivitud juustu.
c) Maitsesta soola ja pipraga maitse järgi.
d) Asetage inglise muffinite ülemised pooled täidistele, et moodustada võileibu.
e) Serveerige kohe liikvel olles rikkalikuks hommikusöögiks.

10. Võilillemuna salat

KOOSTISOSAD:
- 4 kõvaks keedetud muna
- 2/3 tassi võilillerohelist, hakitud ja keedetud
- 1 tl mädarõigast
- 1 spl värsket murulauku
- ½ tassi majoneesi

JUHISED:
a) Haki munad jämedalt.
b) Lisa võilillerohelised, murulauk ja mädarõigas. Sega õrnalt.
c) Lisa majonees ja sega nii palju, et koostisosad oleksid kaetud.

TEE

11. Võililleõie tee

KOOSTISOSAD:
- 1/4 tassi võililleõie s
- 500 ml keeva veega
- 1/2 tl mett
- Sidrunimahl

JUHISED:
a) Asetage võililleõie otsad teekannu.
b) Keeda vesi ja vala kuum vesi võililleõitele.
c) Jäta 5 minutiks tõmbama.
d) Kurna lilled välja.

12. Punase ristiku ja võilille tee

KOOSTISOSAD:
- 1/4 tassi värsket punast ristikut
- Õied, mõne lehega
- Sidrun
- Kallis
- Värsked piparmündilehed
- Mitu võilillelehte

JUHISED:
a) Asetage õied ja lehed teekannu.
b) Täida keeva veega, kata kaanega ja lase tõmmata 10 minutit .
c) Kurna tassi, lisa sidrunit ja maiusta meega.

13. Echinacea & Roots tee

KOOSTISOSAD:
- 1-osaline ehhinaatsia purpurea juur
- 1-osaline pau d'arco
- 1-osaline toores võilillejuur, röstitud
- 1-osaline sarsaparilla koor
- 1-osaline kaneelikoor
- 1-osaline ingverijuur
- 1-osaline takjajuur
- 1-osaline sassafra koor
- näputäis steviat

JUHISED:
a) kõik ürdid teekotti, asetage kruusi ja katke keeva veega.
b) Hauta 10 minutit.
c) Eemaldage teepakk ja lisage magusaine.

14. Võilillejuure tee

KOOSTISOSAD:
- 1-osaline Siberi ženšenn
- 1-osaline võilillejuur
- 1-osaline nõges
- 1-osa iga vahukommi ja takjajuuri
- 1-osa iga viirpuu ja palmetto marju
- 1-osaline apteegitilli seemned
- 1-osaline metskaer
- näputäis steviat

JUHISED:
a) kõik ürdid teekotti , asetage kruusi ja katke keeva veega.
b) Hauta 10 minutit.
c) Eemaldage teepakk ja lisage magusaine.

15. Vilgub Blend Tea

KOOSTISOSAD:
- 1-osaline salvei
- 1-osaline emajuur
- 1-osaline võilill
- 1-osalised kiker-kannikeselehed
- 1-osa iga leedri lilled ja kaeraõled

JUHISED:
a) Asetage kõik ürdid teekotti .
b) Asetage tassi ja katke keeva veega.
c) Hauta 10 minutit.
d) Eemaldage teepakk ja lisage magusaine.
e) Lisa mesi ja sidrun.

16. Võilille ja takja tee

KOOSTISOSAD:
- 1 tl võilillelehti
- 1 tl takjas lehti
- 1 teelusikatäis kirsu ürti
- 1 tl punase ristiku õisi

JUHISED:
a) Pange kõik koostisosad teekannu, valage keeva veega, laske 15 minutit tõmmata ja serveerige.
b) Joo kogu päeva kuumalt või külmalt.

17. Võilille-ingveri Detox tee

KOOSTISOSAD:
- 1 spl kuivatatud võilillejuuri
- 1 tl riivitud värsket ingverit
- 1 tass vett

JUHISED:
a) Lase väikeses kastrulis vesi keema.
b) Lisa keeduvette kuivatatud võilillejuured ja riivitud ingver.
c) Alandage kuumust madalaks ja laske 10-15 minutit podiseda.
d) Kurna tee tassi.
e) Soovi korral lisage magususe suurendamiseks tilk mett võ sidrunimahla.
f) Serveeri kuumalt detoksifitseeriva ja värskendava teena.

18. Võilille-mündi jäätee

KOOSTISOSAD:
- 2 spl kuivatatud võilillelehti
- 1 spl kuivatatud piparmündi lehti
- 2 tassi vett
- Jääkuubikud
- Mesi või magusaine (valikuline)

JUHISED:
a) Aja kastrulis vesi keema.
b) Lisa keeduvette kuivatatud võilillelehed ja piparmündilehed.
c) Eemaldage tulelt ja laske 10-15 minutit tõmmata.
d) Kurna tee kannu ja lase jahtuda toatemperatuurini.
e) Kui tee on jahtunud, jahutage seda külmkapis.
f) Serveeri jääkuubikutega koos tilgakese meega või soovi korral magusainega.
g) Lisavärskuse saamiseks kaunista värskete piparmündilehtedega.
h) Naudi oma värskendavat võilille-mündi jääteed kuumal päeval.

19.Võilille-sidruni Detox tee

KOOSTISOSAD:
- 1 spl kuivatatud võilillejuuri
- 1 spl kuivatatud võilillelehti
- 1 sidrun, õhukeselt viilutatud
- 2 tassi vett

JUHISED:
a) Sega väikeses kastrulis vesi, kuivatatud võilillejuured ja kuivatatud võilillelehed.
b) Kuumuta segu keemiseni, seejärel alanda kuumust ja hauta 10-15 minutit.
c) Tõsta tulelt ja kurna tee tassi.
d) Lisa teele paar viilu sidrunit.
e) Soovi korral lisa magususe saamiseks mett või vahtrasiirupit.
f) Segage hästi ja nautige seda värskendavat ja detoksifitseerivat võilille-sidruniteed.

20.Võilille-apelsiniõie tee

KOOSTISOSAD:
- 1 spl kuivatatud võililleõisi
- 1 spl kuivatatud apelsiniõie kroonlehti
- 2 tassi vett

JUHISED:
a) Aja kastrulis vesi keema.
b) Lisa keeduvette kuivatatud võililleõied ja kuivatatud apelsiniõie kroonlehed.
c) Alandage kuumust madalaks ja laske 5-10 minutit podiseda.
d) Kurna tee tassi.
e) Soovi korral lisage värske apelsini viil, et saada maitset j kaunistust.
f) Serveeri kuumalt ja naudi võilille-apelsiniõite tee õrnaid ja lilleli noote.

21. Võilille-kaneeli vürtsitee

KOOSTISOSAD:
- 1 spl kuivatatud võilillejuuri
- 1 kaneelipulk
- 2 tassi vett

JUHISED:
a) Sega väikeses kastrulis vesi, kuivatatud võilillejuured ja kaneelipulk.
b) Kuumuta segu keemiseni, seejärel alanda kuumust ja hauta 10-15 minutit.
c) Tõsta tulelt ja kurna tee tassi.
d) Soovi korral lisage lisavürtsi saamiseks puista jahvatatud kaneeli.
e) Sega korralikult läbi ja naudi võilille-kaneeli vürtsitee sooja ja lohutavat maitset.

LEIVAD

22. Võilille banaanileib

KOOSTISOSAD:
- 1 suur küps banaan
- 1 1/4 tassi pleegitamata jahu
- 1/2 tassi oliiviõli
- 1/3 tassi värskelt korjatud võilille kroonlehti
- 1 muna
- 1 tl küpsetuspulbrit
- 1/3 tassi pruuni suhkrut
- 1/2 tl söögisoodat

JUHISED:
a) Püreesta banaan; seejärel lisa õli, muna ja suhkur, sega korralikult läbi. Sega hulka jahu, võililleõied, küpsetuspulber ja sooda ning sega käsitsi, kuni kõik on täiuslikult segunenud. (Soovi korral lisa mõned hakitud kreeka pähklid või šokolaaditükid.)
b) Kühveldage kummist spaatliga võiga määritud küpsetusvormi.
c) Küpseta 350 ° F juures 20-25 minutit.
d) Kontrollige 20 minuti möödumist, sisestades nuga – kui see tuleb puhtana, on see tehtud.

23. Võililleõieleib

KOOSTISOSAD:
- 1/4 tassi õli
- 2 tassi jahu
- 2 tl küpsetuspulbrit
- 4 supilusikatäit mett
- 1/2 teelusikatäit soola
- 1 muna
- 1 tass võililleõisi, kõik rohelised tupplehed ja lehed eemaldatud
- 1 1/2 tassi piima

JUHISED:
a) Kombineerige kuivad koostisosad suures kausis, sealhulgas kroonlehed, eraldades kindlasti kroonlehtede tükid.
b) Sega eraldi kausis kokku piim, mesi, õliga lahtiklopitud muna.
c) Lisa kuivsegule vedelik. Tainas peaks olema parajalt märg ja tükiline.
d) Vala võiga määritud leiva- või muffinivormi.
e) Küpseta 400F. Muffinitele 20-25 min, saiale kuni kaks korda pikemale. Valmisoleku test.

24. Võilille maisileib

KOOSTISOSAD:
- 1 tass valget jahu
- 1 tass maisijahu
- 2 tl küpsetuspulbrit
- ¾ tl söögisoodat
- 1 tl soola
- 2 suurt muna
- ½ tassi võililleõite siirupit (või mett)
- ¼ tassi õli või võid
- 1 tass piima (parim on petipiim)
- 1 tass võililleõite kroonlehti

JUHISED:
a) Sega kuivained omavahel.
b) Lisa kõik ülejäänud koostisosad ja blenderda ühtlaseks massiks.
c) Valage tainas 9 × 9 pannile või 10-tollisele malmist praepannile.
d) Küpseta 375° juures 25 minutit.
e) Serveeri kuumalt või ja võililleõie siirupiga.

25. Võilille mee nisuleib

KOOSTISOSAD:
- 2 tassi universaalset jahu
- 1 tass täistera nisujahu
- 1/4 tassi mett
- 1 spl aktiivset kuivpärmi
- 1 tl soola
- 1 tass võilille kroonlehti (puhastatud ja peeneks hakitud)
- 1 tass sooja vett
- 2 spl oliiviõli

JUHISED:
a) Segage suures segamiskausis soe vesi, mesi ja aktiivne kuivpärm. Laske sellel seista 5-10 minutit, kuni see muutub vahuseks.
b) Lisa pärmisegule oliiviõli, sool ja hakitud võilille kroonlehed.
c) Lisage vähehaaval universaalne jahu ja täistera nisujahu, segades hästi, kuni moodustub tainas.
d) Sõtku tainast jahusel pinnal umbes 5-7 minutit, kuni tainas on ühtlane ja elastne.
e) Tõsta tainas võiga määritud kaussi, kata puhta rätikuga ja lase soojas kohas kerkida 1-2 tundi või kuni kahekordistub.
f) Punni tainas alla ja vormi sellest päts. Aseta päts võiga määritud leivavormi.
g) Kata päts puhta rätikuga ja lase veel 30-45 minutit kerkida.
h) Kuumuta ahi temperatuurini 375 °F (190 °C). Küpseta leiba 30-35 minutit või kuni see on kuldpruun.
i) Võta ahjust välja ja lase enne viilutamist jahtuda. Nautige omatehtud võilille-mee-nisuleiba!

26. Võilille ja Cheddari juustu leib

KOOSTISOSAD:
- 3 tassi universaalset jahu
- 1 spl küpsetuspulbrit
- 1 tl soola
- 1/4 tassi suhkrut
- 1 tass hakitud Cheddari juustu
- 1 tass võilillerohelist (puhastatud ja peeneks hakitud)
- 1 muna
- 1 tass piima
- 1/4 tassi taimeõli

JUHISED:
a) Kuumuta ahi temperatuurini 350 °F (175 °C). Määri leivavorm ja tõsta kõrvale.
b) Sega suures segamiskausis jahu, küpsetuspulber, sool ja suhkur.
c) Segage hakitud Cheddari juustu ja hakitud võilillerohelisi, kuni need on hästi segunenud.
d) Klopi eraldi kausis lahti muna ning lisa seejärel piim ja taimeõli. Sega hästi.
e) Valage märjad koostisosad kuivade koostisosade hulka ja segage, kuni need on lihtsalt segunenud.
f) Vala tainas ettevalmistatud leivavormi ja aja ühtlaselt laiali.
g) Küpseta 45-50 minutit või kuni keskele torgatud hambaork tuleb puhtana välja.
h) Eemaldage ahjust ja laske sellel 10 minutit jahtuda, enne kui asetate restile täielikult jahtuma. Viiluta ja serveeri oma võilille- ja cheddari juustuleib soojalt või toatemperatuuril.

27. Võilille sidruni mooniseemneleib

KOOSTISOSAD:
- 2 tassi universaalset jahu
- 1 spl küpsetuspulbrit
- 1/2 teelusikatäit soola
- 1 sidruni koor
- 1/4 tassi mooniseemneid
- 1/2 tassi suhkrut
- 1/4 tassi sulatatud võid
- 1/4 tassi sidrunimahla
- 1/2 tassi piima
- 2 muna
- 1 tass võilille kroonlehti (puhastatud ja peeneks hakitud)

JUHISED:
a) Kuumuta ahi temperatuurini 350 °F (175 °C). Määri leivavorm ja tõsta kõrvale.
b) Sega suures segamiskausis jahu, küpsetuspulber, sool, sidrunikoor, mooniseemned ja suhkur.
c) Klopi eraldi kausis kokku sulatatud või, sidrunimahl, piim ja munad.
d) Valage märjad koostisosad kuivade koostisosade hulka ja segage, kuni need on lihtsalt segunenud.
e) Murra õrnalt sisse tükeldatud võilille kroonlehed.
f) Vala tainas ettevalmistatud leivavormi ja aja ühtlaselt laiali.
g) Küpseta 45-50 minutit või kuni keskele torgatud hambaork tuleb puhtana välja.
h) Eemaldage ahjust ja laske sellel 10 minutit jahtuda, enne kui asetate restile täielikult jahtuma. Viiluta ja serveeri oma võilille-sidrun-mooniseemneleib.

28.Võilille pähkli leib

KOOSTISOSAD:
- 2 tassi universaalset jahu
- 1 tl küpsetuspulbrit
- 1/2 tl söögisoodat
- 1/4 teelusikatäit soola
- 1/2 tassi suhkrut
- 1/4 tassi sulatatud võid
- 1 muna
- 1 tass petipiima
- 1/2 tassi hakitud kreeka pähkleid
- 1/2 tassi tükeldatud võilille kroonlehti

JUHISED:
a) Kuumuta ahi temperatuurini 350 °F (175 °C). Määri leivavorm ja tõsta kõrvale.
b) Sega suures segamiskausis jahu, küpsetuspulber, sooda, sool ja suhkur.
c) Klopi eraldi kausis kokku sulatatud või, muna ja petipiim.
d) Lisage märjad koostisosad järk-järgult kuivadele koostisosadele, segades, kuni need on lihtsalt segunenud.
e) Voldi sisse hakitud kreeka pähklid ja võilille kroonlehed, kuni need on ühtlaselt jaotunud.
f) Vala tainas ettevalmistatud leivavormi ja aja ühtlaselt laiali.
g) Küpseta 45-50 minutit või kuni keskele torgatud hambaork tuleb puhtana välja.
h) Eemaldage ahjust ja laske sellel 10 minutit jahtuda, enne kui asetate restile täielikult jahtuma. Viiluta ja serveeri oma võilille pähklileib.

29. Võilille rukkileib

KOOSTISOSAD:
- 1 tass rukkijahu
- 1 1/2 tassi universaalset jahu
- 1 tl söögisoodat
- 1/2 teelusikatäit soola
- 1/4 tassi melassi
- 1 tass petipiima
- 1/2 tassi hakitud võilillerohelist

JUHISED:
a) Kuumuta ahi temperatuurini 350 °F (175 °C). Määri leivavorm ja tõsta kõrvale.
b) Segage suures segamiskausis rukkijahu, universaalne jahu, söögisooda ja sool.
c) Eraldi kausis segage melass ja petipiim, kuni need on hästi segunenud.
d) Lisage märjad koostisosad järk-järgult kuivadele koostisosadele, segades, kuni need on lihtsalt segunenud.
e) Voldi sisse hakitud võilillerohelised, kuni need on ühtlaselt jaotunud.
f) Vala tainas ettevalmistatud leivavormi ja aja ühtlaselt laiali.
g) Küpseta 50–60 minutit või kuni keskele torgatud hambaork tuleb puhtana välja.
h) Eemaldage ahjust ja laske sellel 10 minutit jahtuda, enne kui asetate restile täielikult jahtuma. Viiluta ja serveeri oma võilille-rukkileiba.

SUUPÄID JA SUUPÖÖD

30. Nõgeseseemne ja võililleõie energiabatoonid

KOOSTISOSAD:
- 1 tass kuivatatud aprikoose
- ½ tassi india pähkleid
- ½ tassi mandleid
- ¼ tassi seesamiseemneid
- 2 supilusikatäit mett (valikuline)
- 1 spl kookosõli
- 4-6 spl nõgeseseemneid (kogus vastavalt soovile)
- 4-6 supilusikatäit võililleõisi (või saialille)
- 4–5 kuubikut suhkrustatud ingverit
- Näputäis meresoola
- 1 tl kardemoni

JUHISED:
a) Vooderda 8-tolline ahjupann küpsetuspaberiga.
b) Lülitage pähklid murenemiseni, seejärel pange eraldi kauss kõrvale.
c) Pulseerige aprikoosid kuni peeneks hakitud.
d) Lisa kõik teised koostisosad (kaasa arvatud mesi, kui kasutad aprikoosi segule ja töötle, kuni see on hästi segunenud.
e) Lisage segule pähklid ja pulbige, kuni need on hästi segunenud. Ku segu hakkab kokku kleepuma ja köögikombainis kerkima, on see valmis.
f) Suru segu tugevalt küpsetuspannile, kasutades selleks midag lamedat.
g) Asetage pann umbes 30 minutiks (või kuni see on kõva sügavkülma, seejärel eemaldage ja lõigake ribadeks.
h) Kaunista mõne täiendava nõgese ja seesamiseemnega.
i) Aseta batoonid õhukindlasse anumasse ja hoia külmikus kuni kuu aega.

31. Võilille lilleprillid

KOOSTISOSAD:
- 1 tass täistera nisujahu
- 2 supilusikatäit oliiviõli
- 2 tl küpsetuspulbrit
- 1 tass võilille lilli
- 1 näputäis soola
- 1 muna
- Mittenakkuv taimeõli pihusti
- ½ tassi madala rasvasisaldusega piima

JUHISED:
a) Sega kausis omavahel jahu, küpsetuspulber ja sool. Klopi eralc kausis lahti muna ja sega seejärel piima või vee ja oliiviõliga.
b) Sega kuivaineguga. Segage ettevaatlikult kollased õied, vältide neid purustades.
c) Piserdage küpsetusplaat või praepann kergelt taimeõliga.
d) Kuumutage, kuni see on täielikult soojenenud. Vala taige lusikatäie kaupa ahjuplaadile ja küpseta nagu pannkooke.

32.Täidetud viinamarjalehed rohelistega

KOOSTISOSAD:
- 1 tass sööda võilille lehti
- 1 tass riisi, keedetud
- 1/4 tassi piinia pähkleid
- 1/4 tassi sõstraid
- 1 sidrun, mahl
- Viinamarja lehed (värsked või konserveeritud)
- Oliiviõli
- Sool ja pipar maitse järgi

JUHISED:
a) Blanšeeri viinamarjalehti keevas vees pehmeks.
b) Segage kausis keedetud riis, rohelised, seedermänniseemned sõstrad ja sidrunimahl.
c) Aseta igale viinamarjalehele lusikatäis segu ja keera tihedaks kimbuks.
d) Laota täidetud viinamarjalehed ahjuvormi, nirista peale oliiviõli ja küpseta, kuni need on läbi kuumenenud.

33. Võilillekrõpsud

KOOSTISOSAD:
- Võilillerohelised, pestud ja kuivatatud
- Oliiviõli
- Meresool (või teie valitud maitseaine)

JUHISED:
a) Kuumuta ahi temperatuurini 350 °F (175 °C).
b) Pese võilillerohelised ja kuivata korralikult. Lõika need suurteks tükkideks, visake ära kõik paksud ribid.
c) Nirista rohelistele veidi oliiviõli ja viska kätega, et kõik lehed kataks kergelt.
d) Asetage kaetud rohelised ühe kihina küpsetusplaadile.
e) Küpseta eelkuumutatud ahjus umbes 8-12 minutit. Põlemise vältimiseks jälgige neid.
f) Kui olete valmis, eemaldage küpsetusplaat ahjust ja puistake lehtedele meresoola või eelistatud maitseainet.
g) Enne serveerimist lase krõpsudel jahtuda.

34. Võilille Pesto Crostini

KOOSTISOSAD:
- Baguette, viilutatud õhukesteks ringideks
- Võilillepesto (valmistatud võilillerohelise, küüslaugu, pähklite oliiviõli ja parmesani juustuga)
- Kirsstomatid, poolitatud
- Värsked basiiliku lehed
- Balsamico glasuur

JUHISED:
a) Rösti baguette'i viilud kergelt krõbedaks.
b) Määri igale röstsaiale täpike võilillepestot.
c) Kõige peale tõsta poolitatud kirsstomat ja värske basiilikuleht.
d) Nirista peale balsamico glasuur.
e) Serveeri mõnusa eelroana koosviibimistel või pidudel.

35. Võilille Hummus

KOOSTISOSAD:
- 1 purk (15 untsi) kikerherneid, nõrutatud ja loputatud
- 1 tass pakitud võilillerohelist
- 2 küüslauguküünt, hakitud
- 3 supilusikatäit tahini
- 2 spl sidrunimahla
- 2 spl oliiviõli
- Sool ja pipar maitse järgi

JUHISED:
a) Sega köögikombainis omavahel kikerherned, võilillerohelised hakitud küüslauk, tahini, sidrunimahl ja oliiviõli.
b) Blenderda ühtlaseks ja kreemjaks, vajadusel kraapides külgedel alla.
c) Maitsesta soola ja pipraga maitse järgi.
d) Tõsta võilillehummus serveerimisnõusse.
e) Serveeri pitakrõpsude, kreekerite või kastmiseks värskete köögiviljadega.

36. Võilillepuhvrid

KOOSTISOSAD:
- Võililleõied (puhastatud ja kuivatatud)
- 1 tass universaalset jahu
- 1 tl küpsetuspulbrit
- Näputäis soola
- 1 muna
- 1/2 tassi piima
- Õli praadimiseks
- tuhksuhkur (valikuline, tolmutamiseks)

JUHISED:
a) Vahusta kausis jahu, küpsetuspulber ja sool.
b) Klopi teises kausis lahti muna ja piim.
c) Lisa märjad ained vähehaaval kuivainetele, sega ühtlaseks massiks.
d) Kastke iga võililleõis taignasse, kattes selle täielikult.
e) Kuumuta praepannil keskmisel kuumusel õli.
f) Prae kaetud võililleõied kuldpruuniks ja krõbedaks.
g) Tõsta õlist välja ja nõruta paberrätikutel.
h) Valikuline: enne magusa ja krõmpsuva suupistena serveerimist puista üle tuhksuhkruga.

37. Võilille ja kitsejuustu tartletid

KOOSTISOSAD:
- Väikesed hapukoored (poest ostetud või omatehtud)
- Värske kitsejuust
- Võilillerohelised, hautatud kuni närbumiseni
- Kirsstomatid, poolitatud
- Värsked tüümianilehed
- Oliiviõli
- Sool ja pipar maitse järgi

JUHISED:
a) Kuumuta ahi temperatuurini 350 °F (175 °C).
b) Asetage küpsetusplaadile minikoogikarbid.
c) Täida iga hapukoor lusikatäie värske kitsejuustuga.
d) Kõige peale lisa pruunistatud võilillerohelised ja poolitatu kirsstomatid.
e) Puista peale värskeid tüümianilehti ja nirista peale oliiviõli.
f) Maitsesta soola ja pipraga maitse järgi.
g) Küpseta eelsoojendatud ahjus 10-12 minutit või kuni hapukoore on kuldpruunid.
h) Serveeri soojalt maitsva eelroana igaks juhuks.

38.Võilill ja peekon Bruschetta

KOOSTISOSAD:
- Baguette, viilutatud õhukesteks ringideks
- Võilille rohelised, tükeldatud
- Peekon, keedetud ja murendatud
- Kitsejuust
- Balsamico glasuur
- Oliiviõli
- Sool ja pipar maitse järgi

JUHISED:
a) Rösti baguette'i viilud kergelt krõbedaks.
b) Prae pannil tükeldatud võilillerohelisi tilgakese oliiviõliga, kuni need närbuvad. Maitsesta soola ja pipraga.
c) Määri igale röstsaiale kiht kitsejuustu.
d) Kõige peale lisa pruunistatud võilillerohelised ja murendatud peekon.
e) Nirista peale balsamico glasuur.
f) Serveeri maitsva ja soolase eelroana.

39. Võilille ja Ricotta täidisega seened

KOOSTISOSAD:
- Suured seened, puhastatud ja varred eemaldatud
- Ricotta juust
- Võilillerohelised, hakitud ja praetud
- Küüslauk, hakitud
- Parmesani juust, riivitud
- Oliiviõli
- Sool ja pipar maitse järgi

JUHISED:
a) Kuumuta ahi temperatuurini 375 °F (190 °C). Määri ahjuvorm rasvainega.
b) Sega kausis kokku ricotta juust, praetud võilillerohelised, hakitud küüslauk ja riivitud parmesani juust. Maitsesta soola ja pipraga.
c) Täida iga seenekübar ricotta ja võilille seguga.
d) Aseta täidetud seened ettevalmistatud ahjuvormi.
e) Nirista peale oliiviõli ja puista peale veel parmesani.
f) Küpseta eelkuumutatud ahjus 15-20 minutit või kuni seened on pehmed ja täidis kuldpruun.
g) Serveeri soojalt meeldiva eelroana või suupistena.

40. Võilille ja Feta Phyllo kolmnurgad

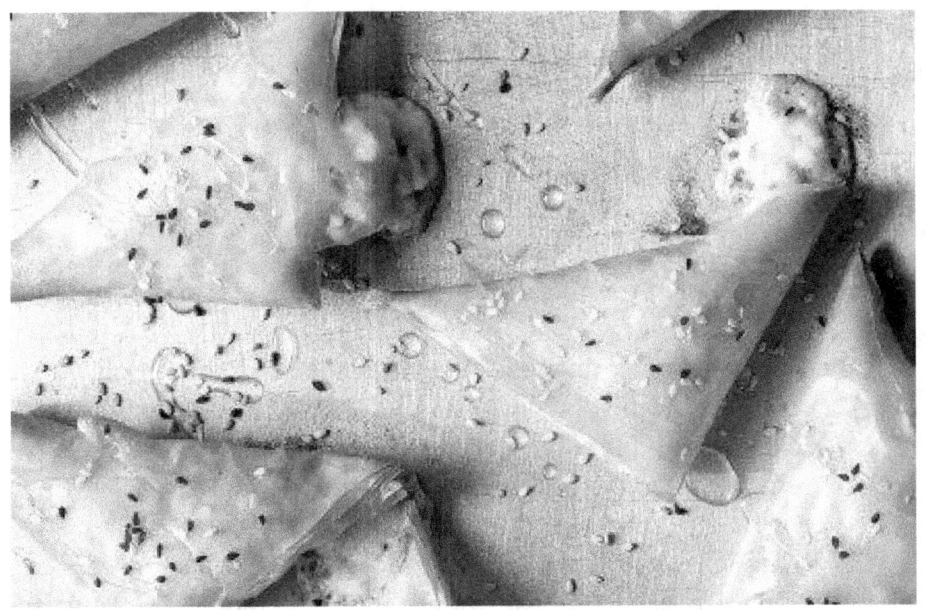

KOOSTISOSAD:
- Phyllo taigna lehed
- Feta juust, murendatud
- Võilillerohelised, hakitud ja praetud
- Sidrunikoor
- Oliiviõli
- Sool ja pipar maitse järgi

JUHISED:
a) Kuumuta ahi temperatuurini 375 °F (190 °C). Vooderda ahjuplaa küpsetuspaberiga.
b) Lao välja üks filotaigna leht ja pintselda seda kergelt oliiviõliga.
c) Korda kihistamist ja oliiviõliga pintseldamist, kuni tekib 3-4 kihti.
d) Lõika kihiline filotainas ruutudeks või kolmnurkadeks.
e) Sega kausis kokku murendatud fetajuust, praetud võilillerohelisec sidrunikoor, sool ja pipar.
f) Aseta igale filoruudule või kolmnurgale lusikatäis täidist.
g) Voldi filotainas täidise peale, moodustades kolmnurgad võ ruudud.
h) Aseta täidetud kolmnurgad või ruudud ettevalmistatu ahjuplaadile.
i) Küpseta eelkuumutatud ahjus 15-20 minutit või kuni see o kuldpruun ja krõbe.
j) Serveeri soojalt maitsva ja elegantse eelroana.

PÕHIROOG

41. Võilille lasanje

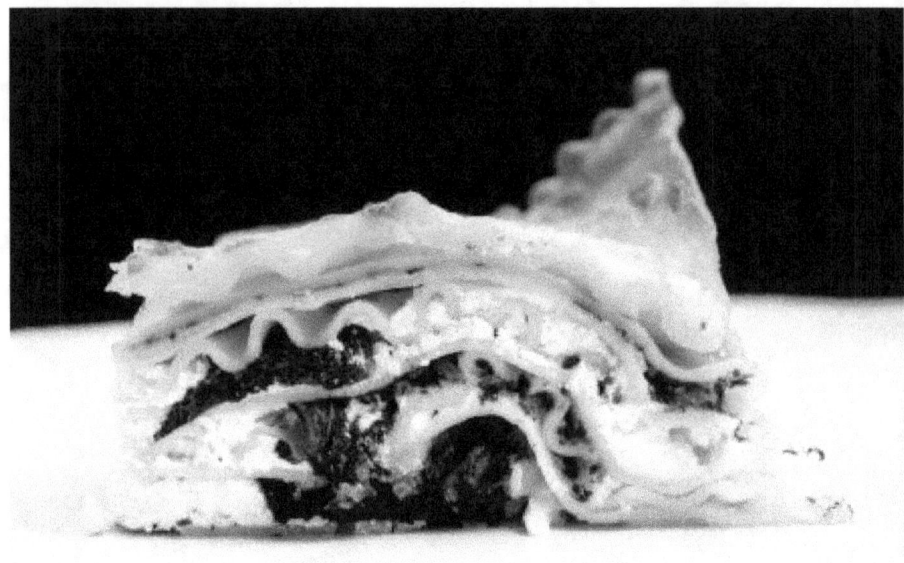

KOOSTISOSAD:
- 2 liitrit vett
- 2 naela võilillelehti
- 2 küüslauguküünt
- 3 supilusikatäit hakitud peterselli, jagatud
- 1 supilusikatäis basiilikut
- 1 tl pune
- ½ tassi nisuidud
- 3 tassi tomatikastet
- 6 untsi tomatipasta
- 9 Täistera nisu lasanje nuudlid
- 1 tl Oliiviõli
- 1 nael Ricotta juustu
- 1 näputäis Cayenne'i pipart
- ½ tassi Parmesani juustu, riivitud
- ½ naela Mozzarella juustu, viilutatud

JUHISED:

a) Aja vesi keema, lisa võililled ja keeda pehmeks. Eemaldage võilillec lusikaga ja varuge vett.
b) Asetage võililled segistisse küüslaugu ja 1 supilusikatäie peterselli basiiliku ja punega.
c) Blenderda hoolikalt, kuid ole ettevaatlik, et mitte vedelak: muutuda.
d) Lisage nisuidud, kaks tassi tomatikastet ja tomatipasta.
e) Blenderda täpselt nii palju, et segu korralikult seguneks, ja jäta segu alles.
f) Lase vesi uuesti keema. Lisa lasanje ja oliiviõli. Küpseta al dente Kurnata ja varuda.
g) Sega ricotta juust, cayenne ja ülejäänud 2 supilusikatäit. petersell varu.
h) Määri 9 x 13-tollise küpsetusvormi põhi kergelt võiga.
i) Aseta esimeseks kihiks 3 lasanjenuudlit kõrvuti. Kata ½ võilillekastmega, seejärel ½ ricotta juustuga.
j) Raputa ricottale veidi parmesani juustu ja kata see mozzarellaviilude kihiga. Korda.
k) Laota 3 viimast lasanjenuudlit ja viimane ⅓ võilillekastet. Kata ülejäänud parmesani ja mozzarellaga ning ühe tass tomatikastmega.
l) Küpseta 375 F. juures 30 minutit.

42. Võilillemuna nuudlid

KOOSTISOSAD:
- 2 tassi võilillerohelist, pakitud (3 untsi kaalu järgi), pestud j nõrutatud
- 2 muna
- ½ teelusikatäit soola
- 1 kuni 1 ¼ tassi jahu

JUHISED:
a) Sega blenderis või köögikombainis omavahel võilillerohelised j munad. Püreesta ühtlaseks ja vedelaks.
b) Vahusta suures kausis 1 tass jahu ja soola. Vala munaseg jahusegu hulka ja sega korralikult läbi. Vajadusel lisage 1 spl jah korraga, et moodustada jäik tainas (see oleneb võilillerohelis veesisaldusest).
c) Tõsta tainas jahusel lauale ja sõtku, kuni tainas on hästi vormituc Rulli tainas taignarulli abil õhukeseks plaadiks. Kõige uhkema munanuudlid rullitakse üsna õhukeseks, rulli nii kaua, kur kannatus lubab, kuid pidage meeles, et nuudlid keetmise paisuvad, nii et tõmmake õhukeseks. Jäta rullitud tainas 1 tunnik lauale kuivama.
d) Lõika tainas nuudliteks, pitsaratas teeb selle imelihtsaks. Ku nuudlid on lõigatud, jätke need lauale ja pange suur pott soolag maitsestatud vett keema. Kui vesi on keemiseni jõudnud, lisag nuudlid ja segage kleepumise vältimiseks.
e) Keeda nuudleid 3–5 minutit või kuni need on keedetud. Nõruta j serveeri vastavalt soovile.

43. Võililleburgerid

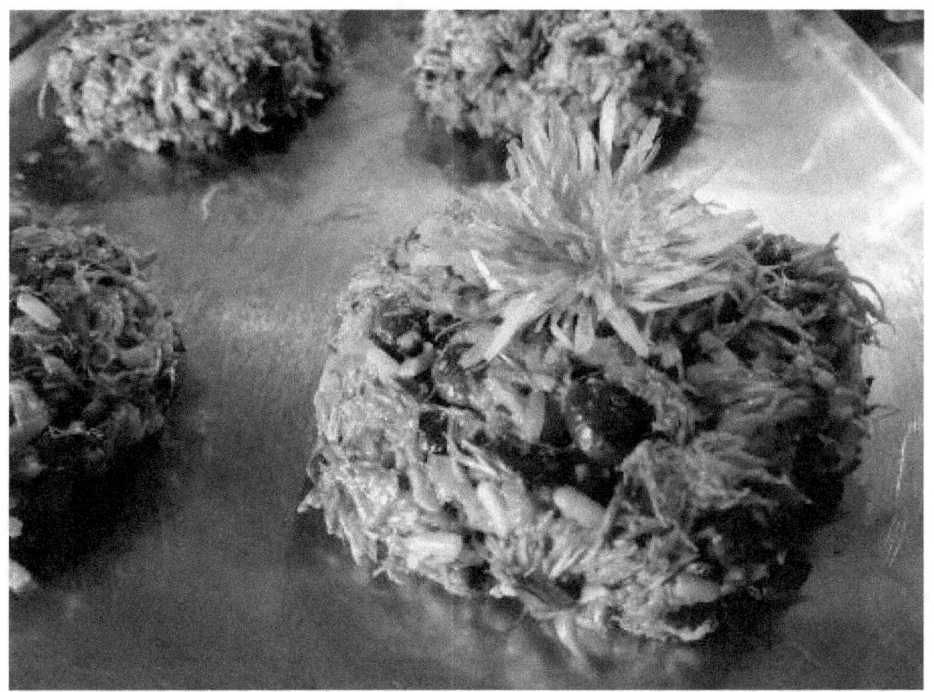

KOOSTISOSAD:
- 1 tass jahu
- 1 tass pakitud võilille kroonlehti (ilma rohelisi)
- 1 muna
- 1/4 tassi piima
- 1/2 tassi hakitud sibulat
- 1/4 tl soola
- 1/2 tl küüslaugupulbrit
- 1/4 tl iga basiilikut ja pune
- 1/8 tl pipart

JUHISED:
a) Sega kõik koostisained omavahel.
b) Tainas jääb närune. Vormi pätsikesed ja prae pannil õlis või võis keerates mõlemalt poolt krõbedaks.
c) Ei, need ei maitse nagu hamburger, aga pole ka halvad.

44. Võililled ja kartulid juustuga

KOOSTISOSAD:
- 1 nael (450 g) võilillerohelist
- 1 spl Pecorino Romano
- 1 kuldne kartul
- ½ tl musta pipart ja maitse järgi lauasoola
- 4 šalottsibulat
- 7 spl ekstra neitsioliiviõli
- Aurutatud võilillerohelised

JUHISED:
a) Pese ja tõsta võilillerohelist mustuse eemaldamiseks nii palju ku vaja. Aurutage või keetke võilille vaid 5 minutit. Võimalusel säästa köögiviljade aurutamiseks või keetmiseks kasutatud vett. Segage praetud võililled ja kartulid
b) Koori ja lõika šalottsibul neljandikku. Koorige ka kartul ja lõigake suurteks ½ tolli kuubikuteks. Valage pannile 3 spl oliiviõli ja asetage keskmisele kuumusele. Kui õli on väga kuum, kuid mitte suitsune vala pannile šalottsibul ja prae segades kuldseks.
c) Nüüd lisa kartulid ja jätka segades praadimist veel viis minutit.
d) Lõpuks lisa 3 tolli pikkusteks tükkideks lõigatud võilill. Pruunista 5 minutit, seejärel lisa ½ kulbiga võilille küpsetamiseks kasutatud vett.
e) Küpseta keskmisel kuumusel, kuni kartulid on küpsed, kuid mitte pudruks. Vajadusel lisa veel paar lusikatäit vett.
f) Lõpuks lisa riivitud Pecorino Romano juust, must pipar ja maitse järgi soola. Kaugel kuumusest, lisage portsjoni jaoks 1 spl oliiviõ ja serveerige väga kuumalt.

45. Võilille Pesto pasta

KOOSTISOSAD:
- 2 tassi värsket võilillerohelist, pestud ja tükeldatud
- 1/2 tassi röstitud seedermänni pähkleid
- 2 küüslauguküünt, hakitud
- 1/2 tassi riivitud parmesani juustu
- 1/2 tassi ekstra neitsioliiviõli
- Sool ja pipar maitse järgi
- Teie valitud keedetud pasta (spagetid, fettuccine jne)

JUHISED:
a) Sega köögikombainis omavahel võilillerohelised, piiniapähklid küüslauk ja parmesani juust. Pulse kuni peeneks hakitud.
b) Kui köögikombain töötab, nirista aeglaselt oliiviõli, kuni seg moodustab ühtlase pasta. Maitsesta soola ja pipraga maitse järgi
c) Viska võilillepesto koos keedetud pastaga, kuni see on häs kaetud. Serveeri kuumalt, soovi korral lisa Parmesani juustuga.

46. Võilille ja seene risotto

KOOSTISOSAD:
- 1 tass Arborio riisi
- 4 tassi köögivilja- või kanapuljongit
- 1 sibul, peeneks hakitud
- 2 küüslauguküünt, hakitud
- 1 tass värsket võilillerohelist, pestud ja tükeldatud
- 1 tass viilutatud seeni (nt cremini või shiitake)
- 1/2 tassi kuiva valget veini
- 1/4 tassi riivitud parmesani juustu
- 2 spl võid
- Sool ja pipar maitse järgi
- Kaunistuseks värske petersell

JUHISED:
a) Kuumuta suures kastrulis madalal kuumusel puljong ja hoia soojas
b) Teises suures kastrulis või Hollandi ahjus sulatage või keskmisel kuumusel. Lisa hakitud sibul ja küüslauk ning prae pehmeks.
c) Lisage Arborio riis kastrulisse ja segage, et see kataks võiga küpseta 1–2 minutit, kuni see on kergelt röstitud.
d) Vala juurde valge vein ja küpseta pidevalt segades, kuni riis on selle imendunud.
e) Alustage sooja puljongi lisamist riisisegule, üks kulbitäie kaupa pidevalt segades ja enne lisamist laske igal lisandil imenduda Jätkake seda protsessi, kuni riis on kreemjas ja al dente keedetud umbes 18-20 minutit.
f) Viimase 5 minuti jooksul segage hakitud võilillerohelised ja viilutatud seened.
g) Kui risoto on soovitud konsistentsini keedetud, eemaldage see tulelt ja segage riivitud parmesani juustuga. Maitsesta soola ja pipraga maitse järgi.
h) Serveeri risotot kuumalt, kaunistatud värske peterselliga.

47. Võilill Quiche

KOOSTISOSAD:

- 1 pirukakoor (poest ostetud või omatehtud)
- 1 tass värsket võilillerohelist, pestud ja tükeldatud
- 1/2 tassi kuubikuteks lõigatud sinki või keedetud peekoni (valikuline)
- 1/2 tassi riivitud juustu (nagu cheddar või Šveitsi juust)
- 4 muna
- 1 tass piima või koort
- Sool ja pipar maitse järgi
- Näputäis muskaatpähklit (valikuline)

JUHISED:

g) Kuumuta ahi temperatuurini 375 ° F (190 ° C).
h) Vooderda pirukavorm pirukapõhjaga, servi vastavalt soovile.
i) Vahusta segamisnõus munad, piim või koor, sool, pipar ja muskaatpähkel, kuni need on hästi segunenud.
j) Laota hakitud võilillerohelised ühtlaselt pirukapõhjale. Puista kuubikuteks lõigatud sink või keedetud peekon (kui kasutad rohelistele ja seejärel riivitud juust.
k) Kalla munasegu ettevaatlikult pirukapõhja täidise koostisosadele.
l) Asetage quiche eelsoojendatud ahju ja küpsetage 35-40 minuti või kuni täidis on hangunud ja koorik on kuldpruun.
m) Enne viilutamist ja serveerimist lase quiche'il veidi jahtuda. Naud soojalt või toatemperatuuril.

48. Võilille ja kitsejuustu tort

KOOSTISOSAD:
- 1 leht lehttainast, sulatatud
- 1 tass värsket võilillerohelist, pestud ja tükeldatud
- 4 untsi kitsejuustu, purustatud
- 1/4 tassi hakitud kreeka pähkleid
- 1 spl mett
- Sool ja pipar maitse järgi
- Valikuline: tilgutamiseks balsamico glasuur

JUHISED:
a) Kuumuta ahi temperatuurini 400 °F (200 °C).
b) Rulli lehttaignaplaat kergelt jahusel pinnal lahti ja tõst küpsetuspaberiga kaetud ahjuplaadile.
c) Laota hakitud võilillerohelised ühtlaselt lehttaignale, jätte servade ümber äärise.
d) Puista rohelistele murendatud kitsejuust ja hakitud kreeka pähklic Nirista tortile ühtlaselt mett.
e) Maitsesta soola ja pipraga maitse järgi. Soovi korral nirista maits lisamiseks peale balsamicoglasuuri.
f) Küpseta eelkuumutatud ahjus 20-25 minutit või kuni küpsetis o kuldpruun ja krõbe.
g) Võta ahjust välja ja lase enne viilutamist veidi jahtuda. Servee soojalt mõnusa eelroana või kerge pearoana.

SALATID

49. Võilillesalat Açaí marjakastmega

KOOSTISOSAD:
AÇAÍ MARJAKASTE
- 100-grammine pakk magustamata Açaí'd, toatemperatuuril
- ¼ tassi kookosõli
- ¼ tassi õunasiidri äädikat
- 2 supilusikatäit mett
- 1 supilusikatäis chia seemneid
- 1 tl meresoola

SALAT
- 2 tassi õhukeselt viilutatud lehtkapsast
- 2 tassi õhukeselt viilutatud napakapsast
- 1 tass õhukeselt viilutatud võilillerohelist
- 1 tass õhukeselt viilutatud punast kapsast
- ½ tassi õhukeselt viilutatud basiilikut
- ½ tassi hakitud peeti
- ½ tassi hakitud porgandit
- ½ tassi röstitud kõrvitsaseemneid
- Päevalille võrsed

JUHISED:
a) Açaí marjakaste valmistamine: Blenderda kõik koostisained köögikombainis või blenderis ühtlaseks massiks.

b) Asetage lehtkapsas suurde kaussi. Nirista paar supilusikatäit lehtkapsale ja masseeri katteks. Lisa kaussi kõik muud köögiviljad ja nirista peale oma maitse järgi lisakastet.

c) Puista peale kõrvitsaseemneid ja idandeid ning viska kokku. Nautige toitumist!

50. Võilille ja Chorizo salat

KOOSTISOSAD:
- Salatikauss noortest võilillelehtedest
- 2 viilu Leib, viilutatud
- 4 supilusikatäit oliiviõli
- 150 grammi paksult viilutatud Chorizot
- 2 küüslauguküünt, hakitud
- 1 spl punase veini äädikat
- Sool ja pipar

JUHISED:
a) Korja võilillelehed peale, loputa ja kuivata puhta köögirätikuga. Kuhjake serveerimiskaussi.
b) Lõika leivale koorikud ja lõika kuubikuteks. Kuumuta pannil pool oliiviõlist.
c) Prae krutoone mõõdukal kuumusel sageli keerates, kuni need on üsna ühtlaselt pruunid.
d) Nõruta köögipaberil. Pühkige pann välja ja lisage ülejäänud õli. Prae chorizo või lardons kõrgel kuumusel pruuniks.
e) Lisa küüslauk ja prae veel mõni sekund, seejärel eemalda kuumus. Eemalda chorizo lusikaga ja puista salatile.
f) Lase pannil minut jahtuda, sega juurde äädikas ja vala kõik salatile.
g) Puista krutoonidele, maitsesta soola ja pipraga, sega läbi ja serveeri.

51. Võilille salat

KOOSTISOSAD:
- 4 tassi värsket võilillerohelist
- 1 tass kirsstomateid, poolitatud
- 1/2 tassi fetajuustu, purustatud
- 1/4 tassi balsamico vinegretti
- Sool ja pipar maitse järgi

JUHISED:
a) Pese ja kuivata võilillerohelised.
b) Viska peale võilillerohelised, kirsstomatid ja fetajuust.
c) Nirista peale balsamico vinegretti. Maitsesta soola ja pipraga.

52.Röstitud Pattypan squash salat

KOOSTISOSAD:
PESTO
- 1-unts võilillerohelised, kärbitud ja hammustusesuurusteks tükkideks rebitud
- 3 spl röstitud päevalilleseemneid
- 3 spl vett
- 1 spl vahtrasiirup
- 1 spl siidri äädikat
- 1 küüslauguküüs, hakitud
- ¼ tl lauasoola
- ⅛ teelusikatäis punase pipra helbeid
- ¼ tassi ekstra neitsioliiviõli

SALAT
- 2 spl ekstra neitsioliiviõli
- 2 tl vahtrasiirupit
- ½ tl lauasoola
- ⅛ teelusikatäis pipart
- 1½ naela kõrvitsat, poolitatud horisontaalselt
- 4 maisitõlvikut, tõlvikust lõigatud tuumad
- 1 nael küpseid tomateid, südamikud, lõigatud ½ tolli paksusteks viiludeks ja viilud risti pooleks lõigatud
- 1 unts võilillerohelist, kärbitud ja hammustussuurusteks tükkideks rebitud (1 tass)
- 2 spl röstitud päevalilleseemneid

JUHISED:
PESTO KOHTA:
a) Seadke ahjurest madalaimasse asendisse, asetage ääristatud küpsetusplaat restile ja soojendage ahi 500 kraadini.
b) Töötle võilillerohelised, päevalilleseemned, vesi, vahtrasiirup, äädikas, küüslauk, sool ja piprahelbed köögikombainis peeneks jahvatamiseks, umbes 1 minut, kraapides vajadusel kausi külgi alla
c) Kui protsessor töötab, niristage aeglaselt õli, kuni see on sisse lülitatud.

SALATI JAOKS:
d) Vahusta õli, vahtrasiirup, sool ja pipar suures kausis. Lisa squash ja mais ning viska kattele. Kiiresti töötades laota köögiviljad ühe kihina kuumale lehele, asetades kõrvitsa lõikepoolega allapoole.
e) Rösti, kuni kõrvitsa lõikepool on pruunistunud ja pehme, 15–18 minutit. Tõsta pann restile ja lase umbes 15 minutit veidi jahtuda
f) Sega suures kausis röstitud squash ja mais, pool pestost, tomatid ja võilillerohelised ning sega õrnalt segamini.
g) Nirista peale ülejäänud pesto ja puista peale päevalilleseemneid Serveeri.

53. Tomati, kurgi, kõrvitsa ja võilillepurgi salat

Serveerib 2

KOOSTISOSAD:
- 1/2 tassi keedetud, kuubikuteks lõigatud kõrvitsat
- 1/2 tassi tomateid
- 1/2 tassi viilutatud kurki
- 1/2 tassi võilillelehti

RIIDEMINE:
- 1 spl. oliiviõli ja 1 spl. Chlorellast
- 1 spl. värske sidrunimahl ja näputäis meresoola

JUHISED:
a) Pane koostisained sellisesse järjekorda: kaste, tomatid, kurgic kõrvitsa- ja võilillelehed.

54.Kikerherne, tomati ja paprika salat purgis

KOOSTISOSAD:
- 3/4 tassi kikerherneid
- 1/2 tassi tomateid ja 1/2 tassi võilillelehti
- 1/2 tassi viilutatud kurki
- 1/2 tassi kollast pipart

RIIDEMINE:
- 1 spl. oliiviõli ja 2 spl. Kreeka jogurt
- 1 spl. värske sidrunimahl ja näputäis meresoola

JUHISED:
a) Pane koostisained sellisesse järjekorda: kaste, kurk, tomat kikerherned, paprika ja võilillelehed.

55. Peedirohelise, porgandi, peedi ja kirsstomatite salat

KOOSTISOSAD:
- 1 tass pakitud peedirohelist
- 1/2 tassi viilutatud porgandit
- 1 tass kirsstomateid
- 1 tass viilutatud peet
- 1/2 tassi võilillelehti

RIIDEMINE:
- 1 spl. oliiviõli või avokaadoõli
- 1 spl. värske sidrunimahl
- näputäis musta pipart
- näputäis meresoola ja üks hakitud küüslauguküüs (valikuline)

JUHISED:
a) Sega kõik koostisained.

56.Tomat, kana, kurk, võilillesalat purgis

KOOSTISOSAD:
- 1/2 tassi grillkana
- 1/2 tassi tomateid
- 1/2 tassi viilutatud kurki
- 1/2 tassi võilillelehti

RIIDEMINE:
- 1 spl. oliiviõli ja 2 spl. Kreeka jogurt
- 1 spl. värske sidrunimahl ja näputäis meresoola

JUHISED:
a) Pane koostisained sellisesse järjekorda: kaste, kana, tomat, kurgi ja võilill.

57. Kuskussi, kana ja võilille salat

KOOSTISOSAD:
SALATIKS
- 4 kondita nahata kanarinda
- 7 untsi kotikapsast
- ½ naela rebitud võilillerohelist
- paar õhukest viilu punast sibulat
- 1/2 magusat punast paprikat, viilutatud ribadeks
- 1 1/2 tassi pooleks viilutatud viinamarjatomateid
- 1 porgand, viilutatud ribadeks
- 1 Veriapelsin, poolitatud ja veidi grillitud

MARINAADI JAOKS:
- 2 spl värskelt pressitud sidrunimahla
- 1 tl kuivatatud pune
- 1 tl küüslauku, purustatud
- koššersool maitse järgi
- värskelt jahvatatud musta pipart maitse järgi

VALGE BALSAMIKOVIINIGRETTI KOHTA:
- 1/4 tassi basiiliku lehti
- 3 spl valget palsamiäädikat
- 2 spl hakitud šalottsibulat
- 1 spl vett
- 2 spl ekstra neitsioliiviõli
- näputäis soola ja värskelt jahvatatud musta pipart

JUHISED:
a) Sega marinaadi ained – sidrunimahl, pune, küüslaugupüree, soc ja must pipar ning vala kanale, lase marineerida.
b) Aseta kõik vinegreti koostisosad blenderisse ja blenderd ühtlaseks massiks. Kõrvale panema.
c) Grilli kana mõlemalt poolt, kuni see on hästi pruunistunud.
d) Laota köögiviljad kihiti ja tõsta peale kana ja nirista peal balsamico kaste.

58. Võilillepasta salat

KOOSTISOSAD:
- 3 tassi keedetud pastat
- 2 spl äädikat
- 1½ tassi kuubikuteks lõigatud tomateid, nõrutatud
- 1 spl oliiviõli
- 1 tass võilillerohelist, eelküpsetatud
- 8 oliivi, viilutatud
- 2 metsik porrulauk, hakitud, roheline ja allor 2 spl hakitud sibulat
- ½ tl soola

JUHISED:
a) Kombineeri ja naudi!

59. Närbunud võilillerohelised peekoniga

KOOSTISOSAD:
- 1 spl terve sinepiseemne
- 2 tl selitatud võid või gheed
- 4 untsi karjamaal kasvatatud peekonit, tükeldatud
- 1 väike šalottsibul, hakitud
- 1 nael noort võilillerohelist
- 2 tl punase veini äädikat

JUHISED:
a) Asetage malmist või roostevabast terasest pann kõrgel kuumusele. Lisage terved sinepiseemned pannile ja röstige neid õrnalt, kuni need vabastavad oma lõhna, umbes kaks minutit Tõsta röstitud sinepiseemned kaussi või nõusse jahtuma.
b) Alanda kuumust keskmisele tasemele. Lisage pannile üks teelusikatäis selitatud võid või ghee-d ja laske sellel sulada, kuni see hakkab vahutama. Lisa pannile tükeldatud peekon ja prae, kuni see muutub krõbedaks ja rasv sulab. Tõsta krõbe peekon koos röstitud sinepiseemnetega nõusse.
c) Lisa ülejäänud peekonirasvaga samale pannile tükeldatud šalottsibul. Prae šalottsibulat, kuni see muutub lõhnavaks ja pehmeks, umbes kolm minutit.
d) Sega võilillerohelised pannile koos pehmendatud šalottsibula ja peekonirasvaga. Lülitage kuumus kohe välja, kuna rohelised närbuvad panni jääksoojuses.
e) Valage punase veini äädikas närbunud võilillerohelistele ja jätkake segamist, kuni rohelised on teie maitse järgi närbunud.
f) Tõsta närbunud võilillerohelised serveerimisnõusse. Puista peale röstitud sinepiseemned ja krõbe peekon.
g) Serveeri närtsinud võilillerohelist kohe maitsva lisandina või kerge einena.

SUPID

60.Võilille- ja kartulisupp

KOOSTISOSAD:
- 2 tassi tükeldatud kartulit
- 1 tass hakitud värsket võilillerohelist, pestud
- 1/2 sibulat, tükeldatud
- 2 küüslauguküünt, hakitud
- 4 tassi köögivilja- või kanapuljongit
- 1/2 tassi rasket koort
- 2 spl võid
- Sool ja pipar maitse järgi
- Valikuline garneering: hakitud murulauk või petersell

JUHISED:
a) Suures potis sulata keskmisel kuumusel või. Lisa kuubikuteks lõigatud sibul ja hakitud küüslauk ning prae pehmeks, umbes 3-4 minutit.
b) Lisa potti kuubikuteks lõigatud kartulid ja vala juurde köögivilja- või kanapuljong. Lase segul keema tõusta, seejärel alanda kuumust ja lase podiseda 15-20 minutit või kuni kartulid on pehmed.
c) Blenderda supp sukelmikseriga või partiidena blenderisse üle kandes ühtlaseks.
d) Sega juurde hakitud võilillerohelised ja rõõsk koor. Laske supil veel 5–7 minutit podiseda, kuni rohelised on närbunud ja supp läbi kuumenenud.
e) Maitsesta soola ja pipraga maitse järgi. Serveeri kuumalt, soovi korral kaunista hakitud murulaugu või perselliga. Nautige seda lohutavat ja toitvat võilille- ja kartulisuppi.

61.Homaari ja võilillesupp fritüüridega

KOOSTISOSAD:
- 1 spl oliiviõli
- 1 nael chorizo vorsti, viilutatud
- 2 tassi sibulat, julieneeritud
- 8 tassi homaari, krevette või kalapuljongit
- 12 tervet küüslauguküünt, kooritud
- 2 rohelist tšillit, viilutatud õhukesteks rõngasteks
- 3 tassi jämedalt hakitud võilille
- 2 tassi hakitud tomateid
- 3 apelsini, mahl
- 2 oga- või Maine'i homaari, pooleks lõigatud
- soola
- Purustatud punase pipra helbed
- ½ tassi kookospiima
- 2 supilusikatäit peeneks hakitud värskeid koriandri lehti
- 1 vürtsikate fritüüride retsept
- 1 punase pipra majoneesi retsept

JUHISED:
a) Valage 1 spl oliiviõli suurde potti ja kuumutage seda keskmisel kuumusel.
b) Lisa vorst ja sibul ning küpseta kaks minutit.
c) Kuumuta keemiseni, segades samal ajal puljongit, küüslauku ja tšillit.
d) Hauta 60 minutit.
e) Lisa homaaripoolikud, võilillerohelised, tomatid ja apelsinimahl ning maitsesta soola ja punase pipra helvestega.
f) Hauta 30 minutit.
g) Lisage kookospiim ja koriander ning segage.
h) Asetage pool homaari igasse väikesesse kaussi.
i) Serveeri homaarid koos puljongiga.
j) Lisa kaunistuseks fritüürid ja tilk majoneesi.

62. Slow Cooker Vegan Bone Puljong

KOOSTISOSAD:
- 1 tass võilillerohelist
- 2 tassi kuivatatud seeni
- pöidlasuurune tükk ingverit
- ¼ tassi Sea Moss geeli
- 3 kuiva või värsket loorberilehte
- 1 tass kuivatatud pruunvetikas
- peotäis koriandrit või koriandrit
- 10 tassi allikavett

JUHISED:
a) Lisage aeglasele pliidile kõik oma köögiviljad, Sea Moss Gel ja meresool.
b) Kata allikaveega ja keeda madalal kuumusel 8 tundi.
c) Kui küpsetamine on lõpetatud, asetage kurn suure klaaskausi kohale ja valage puljong kaussi läbi sõela.
d) Hoidke omatehtud vegan puljongit puhastes klaaspurkides ja hoidke seda külmkapis 5–7 päeva. Seda saab külmutada jääkuubikualustes kuni 3 kuud.
e) Võite juua seda vegan-kondipuljongit sellisel kujul (½ tassi päevas) või lisada seda omatehtud suppidele ja kinoale.
f) Jahtudes muutub see paksuks.

63.Võilille ja kikerherne karri

KOOSTISOSAD:
- 2 tassi värsket võilillerohelist, pestud ja tükeldatud
- 1 purk (15 untsi) kikerherneid, nõrutatud ja loputatud
- 1 sibul, tükeldatud
- 2 küüslauguküünt, hakitud
- 1 spl karripulbrit
- 1 tl jahvatatud köömneid
- 1 tl jahvatatud koriandrit
- 1 purk (14 untsi) kookospiima
- 1 spl taimeõli
- Sool ja pipar maitse järgi
- Serveerimiseks keedetud riis või naanileib

JUHISED:
a) Kuumuta taimeõli suurel pannil või potis keskmisel kuumusel. Lisa kuubikuteks lõigatud sibul ja hakitud küüslauk ning prae pehmeks, umbes 3-4 minutit.
b) Lisa pannile karripulber, jahvatatud köömned ja jahvatatud koriander. Küpseta veel 1-2 minutit, kuni see lõhnab.
c) Sega juurde hakitud võilillerohelised ja nõrutatud kikerherned, kata need vürtsidega.
d) Vala juurde kookospiim ja lase segul keema tõusta. Alanda kuumust ja lase 10-12 minutit podiseda, lastes maitsetel kokku sulada.
e) Maitsesta soola ja pipraga maitse järgi. Serveeri võilille ja kikerherne karrit kuumalt keedetud riisi või naani leivaga, et saada maitsvat ja rahuldavat einet.

64. Võilillekreemi supp

KOOSTISOSAD:

- 4 tassi tükeldatud võilillelehti
- 2 tassi võililleõie kroonlehti
- 2 tassi võilille pungad
- 1 spl võid või oliiviõli
- 1 tass hakitud metsikut porrulauku (või sibulat)
- 6 küüslauguküünt, hakitud
- 4 tassi vett
- 2 tassi pool-n-pool või rasket koort
- 2 tl soola

JUHISED:

a) Keeda võilillelehti õrnalt 6 tassi vees. Valage mõru vesi ära. Keeda õrnalt teist korda, vala mõru vesi ära.

b) Hauta paksupõhjalises supipotis metsporrulauk ja küüslauk võis või oliiviõlis pehmeks. Lisa 4 tassi vett.

c) Lisa võilillelehed, õie kroonlehed, pungad ja sool. Hauta vaikselt umbes 45 minutit.

d) Lisa koor ja hauta veel paar minutit. Kaunista lillelehtedega.

65. Poolitatud herne-võilille pungasupp

KOOSTISOSAD:
- 1 tass purustatud herneid
- 1 tl soola
- 6 tassi vett
- 2 spl võid
- 4-5 küüslauguküünt, hakitud
- 1/2 tassi sibulat, hakitud
- 1/2 tassi sellerit, õhukeseks viilutatud
- 2 tassi võilille pungad
- 1/2 tl basiilikut
- 1/2 tl salvei
- 1/2 tl soolast
- 1 tass piima
- 1-2 tassi kuubikuteks juustu

Garneering:
- Võililleõite kroonlehed

JUHISED:
a) Hauta purustatud herneid 6 tassi vees soolaga poolteist kuni kaks tundi, kuni need on valmis.
b) Prae küüslauk, sibul, seller ja võilillepungad eraldi pannil või pehmeks.
c) Lisage pruunistatud segule basiilik, salvei ja soolased.
d) Kombineerige praetud köögiviljad keedetud herneste puljongiga. Hauta aeglaselt umbes 30 minutit.
e) Vahetult enne serveerimist sega juurde piim ja kuubikuteks lõigatud juust, kuni juust on sulanud.
f) Enne serveerimist kaunista võililleõie kroonlehtedega.

66.Kõrvitsa-võilillesupp

KOOSTISOSAD:
- 1 suur peotäis võilillerohelist
- 1 väike kõrvits
- 1 keskmine kuni suur sibul, hakitud
- 1 ½ tl soola
- 2 spl. võid või oliiviõli
- 6 küüslauguküünt, hakitud
- 6 tassi vett
- 1 tass rasket koort
- ½ tl muskaatpähklit

JUHISED:
a) Haki võilillelehed hammustuse suurusteks tükkideks. Keeda keevas vees pehmeks. Nõruta ja maitsesta. Kui see on liiga mõru, korrake keetmist ja kurnamist.
b) Küpseta kogu kõrvitsat küpsetusplaadil temperatuuril 350 ° F umbes 1 tund või kuni see on täiesti pehme. Laske jahtuda, seejärel lõigake see pooleks ja visake seemned ära. Koori koor ära.
c) Hauta paksupõhjalises supipotis õlis või võis hakitud sibul ja hakitud küüslauk pehmeks.
d) Lisa potti 6 tassi vett koos praetud sibula ja küüslauguga. Lisa potti keedetud võililleroheliste ja püreestatud kõrvits. Sega põhjalikult. Maitsesta soolaga. Keeda tasasel tulel 30 minutit.
e) Vahetult enne serveerimist segage 1 tass koort ja ½ tl muskaatpähklit. Vajadusel kohanda maitsestamist.

MAGUSTOIT

67.Bavarois maasikas takjatarretisega

KOOSTISOSAD:
MAASIKABAVARUUA KOHTA:
- 500g värskeid küpseid maasikaid, kooritud ja pestud
- 50 g tuhksuhkrut
- 120 g tuhksuhkrut
- 50 ml külma vett
- 3 munakollast
- 2 lehte želatiini, õitsenud
- 200g maasikapüreed, jahutatud
- 300 ml vahukoort

MAASIKAJÄÄTISE JAOKS:
- 250g värskeid väga küpseid maasikaid, kooritud ja pestud
- 150 ml topeltkoort
- 75 ml piima
- 75 g tuhksuhkrut

VÕILILLUNI JA TAKSJAJELLE KOHTA:
- 275ml Võilille ja takja jook
- 50 g tuhksuhkrut
- 2 lehte želatiini, õitsenud
- 25g värskeid mikromündi oksi, kaunistamiseks
- 20g külmkuivatatud maasikatükke, kaunistuseks

JUHISED:
a) Baieri röstitud maasikate jaoks:
b) Kuumuta ahi 180°C/Gas Mark 4 ja vooderda küpsetusplaa mittenakkuva küpsetuspaberiga.
c) Laota maasikad ettevalmistatud ahjuplaadile, puista ül tuhksuhkruga ja piserda üle 2 spl külma veega.
d) Rösti maasikaid 12-15 minutit, kuni need on pehmenenud ja ilmu roosa mahl. Jahuta täielikult.

MAASIKAJÄÄTISE JAOKS:
e) Blenderda kõiki jäätise koostisosi 1 minut.
f) Segage jäätisemasinas või külmutage aeg-ajalt vispeldades.

BAAVAROISIDE KOHTA:
g) Vahusta tuhksuhkur, vesi ja munakollased keeva vee kohal 1 minutit, kuni see on paks ja kahvatu.

h) Eemaldage kuumusest, lisage želatiin ja vahustage kuni lahustumiseni. Sega hulka jahutatud maasikapüree.
i) Tõsta puhtasse kaussi jää peale jahtuma. Vahusta koor poolvahuks ja sega maasikasegu hulka.
j) Tõsta bavarois' segu magustoiduklaasidesse röstitud maasikatele ja pane 4 tunniks külmkappi tahenema.
k) Võilille- ja takjasželee jaoks:
l) Kuumuta võilille- ja takjasjooki suhkruga, kuni suhkur lahustub. Tõsta tulelt ja lisa želatiin. Segage kuni lahustumiseni.
m) Kurna segu anumasse ja pane 4 tunniks külmkappi tahenema.

SERVEERIMA:
n) Asetage bavarois'e peale reserveeritud röstitud maasikad.
o) Asetage maasikate vahele väikesed võilille- ja takjatarretised ning lisage igale magustoidule kulbitäis maasikajäätist.
p) Kaunista mikromündi ja külmkuivatatud maasikatükkidega. Serveeri kohe.

68. Hollandi maisipirukas võilillerohelistega

KOOSTISOSAD:
- 6 muna
- 1½ tassi pool ja pool
- 4 viilu peekonit
- 2 tassi maisituuma, lõigatud umbes 3 kõrva küljest või külmutatud
- 3 talisibulat, õhukeselt viilutatud
- ½ tassi hakitud võilillerohelist
- ½ tassi hakitud peterselli
- Natuke soola
- Riputa peale värskelt jahvatatud musta pipart
- Või, määrimiseks
- 1 tass gluteenivaba panko leivapuru
- 1 spl oliiviõli

JUHISED:
a) Kuumuta ahi 400 °F-ni.
b) Klopi keskmises kausis lahti munad ja lisa pool ja pool. Kõrvale panema.
c) Küpseta peekon, nõruta ja tükelda suusuurusteks tükkideks. Kõrvale panema.
d) Sega munasegu maisi, peekoni, talisibulate, võililleroheliste, peterselli, soola ja pipraga.
e) Määri 10-tolline pirukaplaat ohtralt võiga ja vala seejärel munasegusse.
f) Viska leivapuru koos oliiviõliga väikesesse kaussi, seejärel jaota need laiali.
g) Küpseta 40–45 minutit või kuni munad on hangunud. Serveeri soojalt.

69. Võililleõie kook

KOOSTISOSAD:
- 2 tl küpsetuspulbrit
- 2 tassi jahu
- 1½ tl söögisoodat
- 1 tl kaneeli
- 1 tl soola
- 1 tass suhkrut
- 1 tass võililleõite siirupit
- 1½ tassi õli
- 4 muna
- 2 tassi võililleõie kroonlehti
- 1 purk purustatud ananassi
- ½ tassi kreeka pähkleid
- ½ tassi kookospähklit

KÜRMETUS
- 18-oz pakis toorjuustu toasoe
- 1 tass tuhksuhkrut
- 1 või 2 spl piima

JUHISED:
a) Sõelu omavahel kuivained. Vahusta eraldi kausis suhkur, võilillesiirup, õli ja munad kreemjaks.
b) Lisa ananass, kreeka pähklid ja kookospähkel ning sega hästi.
c) Sega kuivained segusse, kuni need on hästi segunenud.
d) Vala tainas võiga määritud 9×13 koogivormi ja küpseta 350° juures umbes 40 minutit.

70. Võilille šifooni küpsised

KOOSTISOSAD:
- 1/2 tassi taimeõli
- 1/2 tassi mett
- 2 muna
- 1 tass jahu
- 1 tass kuiva kaera
- 1/2 tassi võililleõie kroonlehti
- 1 tl sidruniekstrakti
- Valikuline: 1/2 tassi pähkleid, hakitud

JUHISED:
a) Kuumuta ahi temperatuurini 375 ° F (190 ° C).
b) Segage suures segamiskausis taimeõli, mesi ja munad. Segage, kuni see on hästi segunenud.
c) Lisa märgadele koostisosadele jahu ja kuiv kaer ning sega, kuni kõik on korralikult segunenud.
d) Murra õrnalt sisse võililleõie kroonlehed ja hakitud pähklid (kui kasutad), tagades, et need jaotuksid ühtlaselt kogu küpsisetaignas.
e) Tõsta lusikatäied küpsisetainast vooderdatud või rasvainega määritud küpsiseplaadile, jättes iga küpsise vahele pisut ruumi levitamiseks.
f) Küpseta eelkuumutatud ahjus 10-15 minutit või kuni küpsised on servadest kuldpruunid.
g) Pärast küpsetamist eemaldage küpsised ahjust ja laske neil mõni minut küpsiseplaadil jahtuda, enne kui asetate need restile täielikult jahtuma.
h) Nautige omatehtud võililleküpsiseid koos klaasi piima või oma lemmik kuuma joogiga!

71.Võilille maapähklivõi küpsised

KOOSTISOSAD:
- ½ tassi võid, pehmendatud
- 1 tl vaniljeekstrakti
- ½ tassi maapähklivõid
- 1 tl söögisoodat
- ½ tassi mett
- 1 tass universaalset jahu
- 1 muna
- 1 tass täistera nisujahu
- ½ tassi võilille kroonlehti (ainult kroonlehed) lõdvalt pakitud

JUHISED:
a) Kuumuta ahi 400 kraadini. Vooderda küpsiseplaadid küpsetuspaberi või silikoonist küpsetusmattidega.
b) Sõelu omavahel jahud ja sooda. Kõrvale panema.
c) Vahusta või, maapähklivõi ja mesi heledaks ja kohevaks kreemiks. Klopi hulka muna ja vaniljeekstrakt, kuni need on täielikult segunenud. Lisa võisegule sõelutud kuivained ja sega kuni moodustub pehme tainas. Voldi sisse võilille kroonlehed. Tõsta supilusikatäie kaupa ettevalmistatud küpsetusplaadile.
d) Küpseta eelkuumutatud ahjus 13–15 minutit või kuni servad on kuldsed.
e) Jahuta restidel.

72. Võilille kroonlehe ja sidruni küpsised lehtkapsa sidruniga

KOOSTISOSAD:
KÜPSISTE KOHTA:
- ¼ tassi võilille kroonlehti, pestud
- 2/3 tassi (150 ml) taimeõli
- 1/3 tassi (75 g) tuhksuhkrut
- 1 tl vaniljeekstrakti
- 1 spl sidrunimahla
- ½ tl sidrunikoort
- 1 tass (80 g) kaera
- 1 tass (115 g) universaalset jahu
- 1 tl küpsetuspulbrit
- ¼ teelusikatäit soola

KALE SIDRUNIRISKILE:
- ½ supilusikatäit värskelt pressitud lehtkapsast
- 1/2 tassi (65 g) tuhksuhkrut
- 1 spl sidrunimahla

JUHISED:
a) Kuumuta ahi temperatuurini 425 °F (220 °C). Vooderda ahjuplaadid küpsetuspaberiga.
b) Vahusta õli, suhkur, vanill, sidrunimahl ja koor ühtlaseks massiks. Vahusta eraldi kausis kaer, jahu, küpsetuspulber, sool ja võilille kroonlehed. Lisa märjad koostisosad kuivadele ja sega ühtlaseks.
c) Tõsta teelusikatäit segu vooderdatud ahjuplaatidele. Vajutage kahvli tagaosaga õrnalt alla. Küpseta 7-10 minutit või kuni see hakkab muutuma kuldseks.
d) Jahuta lehel 10 minutit, seejärel tõsta restile täielikult jahtuma.
e) Lehtkapsa ja sidruninirtsu jaoks:
f) Sega kõik koostisosad ühtlaseks massiks. Nirista üle jahtunud küpsistele.

73. Võilille küpsised

KOOSTISOSAD:
- 1 tass võid, pehmendatud
- 1/2 tassi suhkrut
- 1/2 kuni 1 tassi võilille kroonlehti (ainult kollased osad)
- 2 1/2 tassi jahu
- 1 näputäis soola

JUHISED:
a) Kuumuta ahi temperatuurini 325 kraadi Fahrenheiti (165 kraadi Celsiuse järgi).
b) Vahusta segamisnõus pehme või ja suhkur mikseriga heledaks ja kohevaks vahuks, umbes 3 minutit.
c) Lisa võilille kroonlehed või ja suhkru segule ning klopi segamiseks.
d) Lisage segule järk-järgult jahu ja sool, vahustage, et segu täielikult seguneks. Tainas võib alguses olla murene, aga hakkab kokku tulema.
e) Kui kogu jahu on lisatud, vahusta madalal kiirusel veel umbes minut.
f) Sõtku tainast õrnalt kätega, kuni sellest moodustub ühtlane pall.
g) Rullige tainas soovitud paksuseks ja lõigake oma lemmikküpsisevormide abil kujundid välja.
h) Aseta küpsised küpsetuspaberiga kaetud ahjuplaadile.
i) Küpseta küpsiseid eelsoojendatud ahjus umbes 20–25 minutit või kuni need hakkavad põhjast pruunistuma ja pealt täielikult küpsed.
j) Eemaldage küpsised ahjust ja tõstke need jahutusrestile. Enne nautimist laske neil täielikult jahtuda.

74.Võilill Baklava

KOOSTISOSAD:
- 1/2 kasti fillo lehti
- 1 pulk võid
- 2 tassi peeneks hakitud hikkori pähkleid (võite kasutada ka kreeka pähkleid või pekanipähklit)
- 1 tl suhkrut
- 1/2 tl kaneeli
- 1/2 tl muskaatpähklit
- 3/4 tassi võililleõite siirupit

JUHISED:
a) Kuumuta ahi temperatuurini 375 ° F (190 ° C). Määri 9x13-tolline küpsetuspann võiga.
b) Sega kausis peeneks hakitud pähklid suhkru, kaneeli ja muskaatpähkliga.
c) Sulata pulk võid.
d) Asetage võiga määritud 9x13-tollisele pannile 8 lehte täitelehti, pintseldades kondiitripintsli abil iga teine leht sulavõiga.
e) Puista pool pähklisegust ühtlaselt kihilistele fillolehtedele.
f) Laota pähklisegu peale veel 8 lehte fillolehti, seejärel puista ülejäänud pähklisegu ühtlaselt nendele lehtedele.
g) Lao peale ülejäänud fillolehed, pintselda ülemine kiht ohtralt sulavõiga.
h) Lõika kokkupandud baklava ettevaatlikult terava noaga 30 ruuduks (6x5) enne küpsetamist.
i) Küpseta eelkuumutatud ahjus umbes 30 minutit või kuni kuldpruunini.
j) Kui baklava on kergelt pruunistunud, eemaldage see ahjust ja valage kuuma baklava peale kohe toasoe võililleõie siirup, kui see on veel kuum.
k) Enne serveerimist lase baklaval pannil täielikult jahtuda. Nautige seda ainulaadset keerdkäiku traditsioonilisel baklaval koos võililleõiesiirupi veetleva maitsega!

75. Võilille meekook

KOOSTISOSAD:
- 2 tassi universaalset jahu
- 1 tass võilille kroonlehti (värsked ja põhjalikult pestud)
- 1 tass mett
- 1 tass granuleeritud suhkrut
- 1 tass soolata võid, pehmendatud
- 4 muna
- 1 tl vaniljeekstrakti
- 1 tl küpsetuspulbrit
- 1/2 tl söögisoodat
- 1/2 teelusikatäit soola
- 1 tass petipiima

JUHISED:
a) Kuumuta ahi temperatuurini 350 °F (175 °C). Määri ja jahuga 9x13-tolline küpsetusvorm.
b) Vahusta kausis jahu, küpsetuspulber, sooda ja sool. Kõrvale panema.
c) Vahusta teises kausis või, mesi ja suhkur heledaks ja kohevaks vahuks.
d) Klopi ükshaaval sisse munad, kuni need on hästi segunenud. Sega juurde vanilliekstrakt.
e) Lisa kuivained järk-järgult märgadele koostisainetele vaheldumisi petipiimaga ja sega ühtlaseks. Olge ettevaatlik, et mitte üle segada.
f) Murra võilille kroonlehed õrnalt sisse.
g) Vala tainas ettevalmistatud ahjuvormi ja aja ühtlaselt laiali.
h) Küpseta eelkuumutatud ahjus 30-35 minutit või kuni keskele torgatud hambaork tuleb puhtana välja.
i) Lase koogil 10 minutit pannil jahtuda, enne kui tõstad selle restile täielikult jahtuma. Soovi korral serveeri koogiviilud koos tilga meega.

76. Võilille sidrunibatoonid

KOOSTISOSAD:
- 1 tass universaalset jahu
- 1/2 tassi tuhksuhkrut, lisaks veel tolmutamiseks
- 1/2 tassi soolamata võid, pehmendatud
- 2 spl värskeid võilille kroonlehti (pestud ja põhjalikult kuivatatud)
- 1 tass granuleeritud suhkrut
- 2 spl universaalset jahu
- 1/2 tl küpsetuspulbrit
- Näputäis soola
- 2 suurt muna
- 1 sidruni koor
- 1/4 tassi värsket sidrunimahla

JUHISED:
a) Kuumuta ahi temperatuurini 350 °F (175 °C). Määri ja vooderda 8x8-tolline küpsetuspann küpsetuspaberiga, jättes külgedele üleulatuse, et seda oleks lihtne eemaldada.
b) Sega kausis jahu, tuhksuhkur, pehme või ja võilille kroonlehed. Sega purutaoliseks.
c) Suru segu ühtlase kihina ettevalmistatud ahjuvormi põhja. Küpseta 15-20 minutit või kuni see on kergelt kuldne.
d) Kooriku küpsemise ajal valmista sidrunitäidis. Teises kausis vahustage granuleeritud suhkur, jahu, küpsetuspulber ja sool.
e) Lisage kuivainetele munad, sidrunikoor ja sidrunimahl ning vahustage, kuni see on hästi segunenud.
f) Valage sidrunitäidis kuumale koorikule ja pange pann tagasi ahju.
g) Küpseta veel 20-25 minutit või kuni täidis on tahenenud ja servad on kergelt kuldsed.
h) Laske batoonidel restil pannil täielikult jahtuda.
i) Kui see on jahtunud, puista pealt tuhksuhkruga. Lõika ruutudeks ja serveeri.

MAITSED

77. Võilille marmelaad

KOOSTISOSAD:
- 2½ tassi suhkrut
- ¾ tassi värskelt pressitud apelsinimahla
- 3 spl riivitud orgaanilist apelsinikoort
- 1½ tassi kollaseid võililleõie kroonlehti (enamik rohelisi tükke eemaldatud)
- ¾ tassi vett
- 1 (1,75 untsi) pakk Sure-Jell pektiini

JUHISED:
a) Pane suhkur, apelsinimahl, apelsinikoor ja võililleõie kroonlehed köögikombaini kaussi või blenderisse.
b) Suruge paar korda kokku, kuni see on hästi segunenud.
c) Vahusta väikeses kastrulis keskmisel kuumusel vesi ja pektiin, kuni need on hästi segunenud.
d) Keeda kõvasti 1 minut (mitte vähem). See samm on paksu marmelaadi loomiseks hädavajalik.
e) Tõsta pliidilt ja lisa kuum pektiin koheselt suhkrusegule, kui töötleja või blender töötab.
f) Marmelaad valmib väga kiiresti. Hoidke 4 steriliseeritud purki ja kaant valmis täitmiseks, sulgemiseks ja külmkappimiseks.
g) Serveeri hommikusöögiks röstsaial või kanarindade glasuurina.

78. Värske võilillepesto

KOOSTISOSAD:
- 2 tassi võilillerohelist
- 1/2 tassi oliiviõli
- 1/2 tassi riivitud parmesani juustu 2 tl purustatud küüslauku
- sool maitse järgi (valikuline)
- 1 näputäis punase pipra helbeid või maitse järgi (valikuline)

KOOSTISOSAD:
a) Lisa köögikombainis kõik koostisosad ja pulbeeri ühtlaseks massiks.

79. Võililleõite siirup

KOOSTISOSAD:
- 1 liitrit võililleõisi
- 1 liitrit (4 tassi) vett
- 4 tassi suhkrut
- 1/2 sidrunit või apelsini (võimaluse korral orgaaniline), tükeldatu (koor ja kõik) - valikuline

JUHISED:
a) Aseta võililleõied ja vesi potti. Lase segu lihtsalt keema tõusta seejärel keera kuumus maha, kata pott ja lase seista üleöö.
b) Järgmisel päeval kurna segu, et vedelik kulunud õitest eralduk: Vajutage lilli, et eraldada võimalikult palju vedelikku.
c) Lisa kurnatud vedelikule suhkur ja viilutatud tsitruselised (ki kasutad).
d) Kuumuta segu aeglaselt potis, aeg-ajalt segades, mitu tundi v(kuni see on muutunud paksuks, meelaadseks siirupiks. See või veidi aega võtta, seega olge kannatlik ja jätkake põlemis vältimiseks aeg-ajalt segamist.
e) Kui siirup on saavutanud soovitud konsistentsi, eemaldage se tulelt.
f) Kas siirupit pool- või 1-liitristes purkides säilitamiseks. Järgig kindlasti õigeid konserveerimisprotseduure, et purgid oleksi korralikult suletud.
g) Nautige omatehtud võililleõiesiirupit magustajana erinevate retseptides või kinkige see pühadehooajal läbimõeldud isetehtu kingituseks.

80. Võililletarretis meega

KOOSTISOSAD:
- 1 tass (umbes 100 õit) võilille kroonlehti
- 1¾ tassi vett
- 1 tass mett või 2 tassi orgaanilist või mitte-GMO suhkrut
- 1½ tl sidrunimahla

JUHISED:
a) Kui olete võililled kokku korjanud, peske neid ja eemaldage nende varred, et alles jääks ainult õis.
b) Lille roheline alus tuleb eemaldada; kollased kroonlehed jäävad tarretise jaoks alles. Lihtsaim viis kroonlehtede eemaldamiseks on rebida lille alus, avada õis, korjata välja kollased kroonlehed ja panna need mõõtetopsi.
c) On peaaegu võimatu jätta osa rohelisest osast kroonlehtedega segamata, sest teie sõrmed muutuvad kleepuvaks. Natuke rohelist segatud maitset ei mõjuta, kuid andke endast parim, et need kaks eraldada.
d) Eemaldage roheliselt aluselt kroonlehed.
e) Järgmisena lisa keskmisel pannil võilille kroonlehed vette ja hauta 10 minutit. Lase pannil jahtuda, tõsta klaaskaussi ja kata ööseks. Võilillesegu võib jätta toatemperatuurile.
f) Hauta ja lase üleöö jahtuda.
g) Pärast seda, kui kroonlehed on üleöö leotatud, eraldage võilillevedelik kroonlehtedest peene võrguga sõelaga. Suru kroonlehed sõela sisse lusika tagumise osaga, et eemaldada nendest täiendav vedelik. Kuumutage keskmise suurusega mittereaktiivses kastrulis võilillevedelik, mesi või suhkur ja sidrunimahl ning laske keema tõusta. Pektiini lisamiseks järgige pakendi juhiseid. Kui pektiin on lisatud, lülitage kuumus välja ja alustage järgmise sammuga.
h) Kurna kroonlehed vedelikust välja.
i) Valage kuum tarretis soojalt ettevalmistatud purkidesse. Kasutage tarretise ohutuks ülekandmiseks lehtrit, jättes ¼ tolli vaba ruumi.
j) Pühkige purkide ääred niisutatud, puhta, ebemevaba rätiku või paberrätikuga ja uuesti kuiva rätikuga.

k) Asetage purki kaas ja keerake rõngast, kuni see on täpselt purgi küljes. Asetage purgid veevanni purki ja katke kaanega. Kui vesi on keema tõusnud, käivitage taimer ja töödelge veevannis 10 minutit.
l) Tõmmake purgid ettevaatlikult purgitangidega veevannilt välja ja asetage purgid rätikuga vooderdatud pinnale 12 tunniks ilma puudutamata.
m) 12 tunni pärast eemaldage purgirõngad ja kontrollige, kas kõik kaaned on purkidel kindlalt suletud, seejärel märgistage ja pange purkidele kuupäev. Pärast tihendi purustamist jahutage.

81. Võilille sinep

KOOSTISOSAD:
- 1 tass kollaseid sinepiseemneid (terved)
- 1/2 tassi võililleõite siirupit
- 3 küüslauguküünt, hakitud
- 1 1/4 tassi võililleäädikat
- 1 tass püreestatud värsket võilillerohelist
- 3/4 tl soola

JUHISED:
a) Leota sinepiseemneid võililleäädikas mitu tundi või üleöö.
b) Lisage leotatud sinepiseemnetele hakitud küüslauk, Dandelion Blossom siirup, püreestatud võilillerohelised ja sool.
c) Segage kõik koostisosad korralikult läbi ja laske neil mitu päeva kaanega kaetud anumas koos seista.
d) Mõne päeva pärast valage sinepisegu väikestesse purkidesse. (1/4 pinti mõjub kenasti)
e) Hoidke sinepipurke külmkapis, kus see säilib hästi mitu kuud. Teise võimalusena võite seda 10 minutit keeva veevannis hoida.

82. Võilillevinegrett

KOOSTISOSAD:
- 1 1/2 tassi oliivõli
- 3/4 tassi võililleäädikat (valmistatud ülaltoodud retsepti järgi)
- 4 küüslauguküünt
- 1/2 teelusikatäit soola
- 2 supilusikatäit võilillesinepit (või Dijoni sinepit)
- 3 spl võililleõie siirupit
- 2 tassi värsket, hakitud võilillerohelist

JUHISED:
a) Kombineeri kõik koostisosad (v.a võilille rohelised) blenderis või köögikombainis.
b) Blenderda, kuni see on hästi segunenud ja ühtlane.
c) Enne serveerimist raputa tükeldatud võilillerohelised valmis vinegretiga.
d) Nautige oma maitsvat võilillevinegretti värskete salatite või grillitud köögiviljade ja liha marinaadina!

83.Võililleželee

KOOSTISOSAD:
- 4 tassi võililleõie kroonlehti, rohelised tükid eemaldatud
- 4 tassi vett
- 1 spl sidrunimahla
- 1 karp Sure-Jell pulbristatud pektiini
- 4 1/2 tassi suhkrut

JUHISED:
a) Aseta võililleõie kroonlehed potti ja lisa vesi. Kuumuta keemiseni ja seejärel alanda keemiseni. Lase 10 minutit podiseda, seejärel keera kuumus maha ja lase potil jahtuda.
b) Kurna lilled veest välja tarretiskotti või kohvifiltriga. Teil on vaja 3 tassi võililletõmmist, kuid teil võib olla ka natuke rohkem.
c) Segage suures potis võililletõmmis, sidrunimahl ja pektiinipulber. Klopi läbi ja lase sellel segul keema tõusta.
d) Lisa pidevalt segades korraga kogu suhkur ja tõsta segu keemiseni. Keeda 1 minut.
e) Eemaldage tarretis tulelt, koorige pealt vaht ja valage see steriliseeritud kuumadesse purkidesse.
f) Kata j arsid ja töötle neid 10 minutit veevannis.

84. Võilille kõrvitsaseemne pesto

KOOSTISOSAD:
- 3/4 tassi soolamata kooritud (rohelisi) kõrvitsaseemneid
- 3 küüslauguküünt, hakitud
- 1/4 tassi värskelt riivitud parmesani
- 1 hunnik võilillerohelist (umbes 2 tassi, lahtiselt pakitud)
- 1 spl sidrunimahla
- 1/2 tassi ekstra neitsioliiviõli
- 1/2 tl koššersoola
- Must pipar, maitse järgi

JUHISED:
a) Kuumuta ahi temperatuurini 350 °F. Laota kõrvitsaseemned madala äärega küpsetusplaadile ja rösti, kuni need on lihtsalt lõhnavad, umbes 5 minutit. Võta ahjust välja ja lase jahtuda.
b) Köögikombaini kausis suruge küüslauk ja kõrvitsaseemned kokku, kuni need on väga peeneks hakitud.
c) Lisa köögikombaini parmesani juust, võilillerohelised ja sidrunimahl. Töötlege pidevalt, kuni see ühendatakse. Peatage aeg-ajalt protsessor, et kausi külgi maha kraapida. Märkus: Pesto tuleb väga paks ja mõne aja pärast võib seda olla raske töödelda, kuid see on okei.
d) Kui köögikombain töötab, vala aeglaselt oliiviõli ja töötle, kuni pesto on ühtlane.
e) Lisa maitse järgi soola ja pipart ning vahusta veel paar korda.

85. Võilille meevõi

KOOSTISOSAD:
- 1/2 tassi soolamata võid, pehmendatud
- 2 spl võilille kroonlehti (pestud ja põhjalikult kuivatatud)
- 2 supilusikatäit mett

JUHISED:
a) Segage segamisnõus pehme või, võilille kroonlehed ja mesi.
b) Sega, kuni võilille kroonlehed on kogu võis ühtlaselt jaotunud.
c) Tõsta võilillemeevõi serveerimisnõusse või vormi sellest küpsetuspaberi abil palk.
d) Jahuta või külmkapis tahkeks. Serveeri jahutatult või toatemperatuuril.

86. Võilill Chimichurri

KOOSTISOSAD:
- 1 tass värsket võilillerohelist (pestud ja tükeldatud)
- 1/4 tassi värskeid peterselli lehti
- 2 küüslauguküünt, hakitud
- 1/4 tassi oliiviõli
- 2 spl punase veini äädikat
- 1 tl kuivatatud pune
- Sool ja pipar maitse järgi

JUHISED:
a) Sega köögikombainis või blenderis võilillerohelised, petersell, küüslauk, oliiviõli, punase veini äädikas ja kuivatatud pune.
b) Pulse, kuni segu saavutab soovitud konsistentsi.
c) Maitsesta soola ja pipraga maitse järgi. Vajadusel reguleeri maitsestamist.
d) Tõsta võilille chimichurri serveerimisnõusse ja lase enne serveerimist vähemalt 15 minutit seista, et maitsed sulaksid.

87. Võilille õieäädikas

KOOSTISOSAD:
- 1 tass võililleõisi (pestud ja põhjalikult kuivatatud)
- 2 tassi äädikat (nagu õunasiidri äädikas või valge veini äädikas)

JUHISED:
a) Asetage võililleõied puhtasse klaaspurki.
b) Kuumuta äädikat kastrulis vahetult enne keetmist.
c) Vala kuum äädikas purgis olevatele võililleõitele, kattes need täielikult.
d) Sulgege purk kaanega ja laske sellel vähemalt 2 nädalat jahedas pimedas kohas tõmmata.
e) 2 nädala pärast kurna äädikat, et eemaldada võililleõied. Tõsta võililleõieäädikas säilitamiseks puhtasse pudelisse või purki.

88. Võilille kroonlehtede seguvõi

KOOSTISOSAD:
- 1/2 tassi soolamata võid, pehmendatud
- 1/4 tassi võilille kroonlehti (pestud ja põhjalikult kuivatatud)
- 1 spl sidrunimahla
- 1 sidruni koor
- Soola maitse järgi

JUHISED:
a) Segage segamisnõus pehme või, võilille kroonlehed, sidrunimahl, sidrunikoor ja sool.
b) Sega, kuni võilille kroonlehed on kogu võis ühtlaselt jaotunud.
c) Lusikaga võilille kroonlehtede seguvõi kile- või küpsetuspaberitükile.
d) Rulli või palgikujuliseks ja keera otsad kinni.
e) Jahuta või külmkapis tahkeks. Viiluta ja serveeri grillitud liha, köögiviljade või leiva peal.

SMUUTID JA KOKTEILID

89. Võilill Chai

KOOSTISOSAD:
- 1 tass röstitud võilillejuurt
- 6 spl apteegitilli või aniisiseemneid
- 36 rohelist kardemoni kauna
- 72 nelk
- 6 kaneelipulka
- 2 spl kuivatatud ingverijuurt
- 1½ tl musta pipra tera
- 12 loorberilehte

JUHISED:
a) Lisa 1 spl teesegu iga tassi vee kohta. Hauta 5 minutit, seejärel las 10 minutit tõmmata.
b) Lisa 1 sl mett või pruuni suhkrut (või võilillesiirupit) tassi kohta.
c) Lisa 2 spl piima või koort tassi kohta. Kuumutage õrnalt uuesti serveerige.

90.Võilille ja Takjaõlu

KOOSTISOSAD:
- 1 lb Noored nõgesed
- 4 untsi Võilille lehed
- 4 untsi Takjajuur, värske, viilutatud -VÕI- 2 untsi. Kuivatat takjajuur, viilutatud
- 1/2 untsi. Ingveri juur, muljutud
- Iga 2 sidrunit
- 1 g vett
- 1 nael +4 t. pehme pruun suhkur
- 1 unts. Kreem hambakivi
- Õllepärm (koguse vaata tootja juhistest)

JUHISED:
a) Pane suurele pannile nõges, võilillelehed, takjas, ingver õhukeselt kooritud sidrunikoor. Lisa vesi.
b) Kuumuta keemiseni ja keeda 30 minutit.
c) Valage sidrunitest saadud sidrunimahl, 1 nael suhkrut tartarikoort suurde nõusse ning valage vedelik läbi sõela, surud nõgestele ja teistele koostisainetele hästi alla.
d) Sega, et suhkur lahustuks.
e) Jahuta toatemperatuurini.
f) Puista sisse pärm.
g) Kata õlu kinni ja jäta 3 päevaks sooja kohta käärima.
h) Vala õlu ära ja villi pudelisse, lisades t. suhkrut ühe liitri kohta.
i) Jätke pudelid segamata, kuni õlu on selge – umbes 1 nädal.

91. Aiaroheliste mahl

KOOSTISOSAD:
- 2 peotäit lehtkapsa lehti
- 2 sveitsi mangoldi lehte
- 1 suur peotäis spinatilehti
- ½ kurk
- 1 väike roheline kabatšokk
- 3 varssellerit
- 2 võilillelehte (suurt)
- 2 vart värsket majoraani
- näputäis sidrunimahla (valikuline)

JUHISED:
a) Pese kõik köögiviljad ja ürdid, mahl ja sega hoolikalt.
b) Soovi korral lisa sidrunimahla või
c) kui eelistate võimsamat sidrunimaitset, lisage kaheksandik sidrun (eelistatavalt orgaaniline) ja segage hästi, kuni see on segunenuc

92.Smuuti võilille ja basiilikuga

KOOSTISOSAD:
- ½ tl kaneeli
- 1 spl röstitud võilillejuurt
- 1 tl ashwagandha juurepulbrit
- 1 tl püha basiiliku pulbrit
- 2 tassi pähklipiima
- 5-7 jääkuubikut

JUHISED:
a)   Sega koostisained ühtlaseks konsistentsiks.

93.Ikka tuba Amaro

KOOSTISOSAD:
- 1 tl kuivatatud kummeliõisi
- 1 tl kuivatatud apteegitilli seemneid
- 3 tervet nelki
- 2 spl röstitud kreeka pähkleid
- 1 apelsin, eelistatavalt orgaaniline
- 1 spl kuivatatud võilillejuurt
- 1 spl hakitud värsket piparmünti
- 1 spl hakitud värsket rosmariini
- 1 spl hakitud värsket salvei
- 1 vaniljekaun
- ½ tl koriandrit
- 3 tassi viina või Evercleari (vaikude ja kibedate ühendi eraldamiseks on kõige parem kasutada 100–150 proovi)
- 1 tass vett
- 1 tass suhkrut

JUHISED:

a) Asetage kummel, apteegitilli seemned, nelk ja röstitud kreel pähklid paberkotti ning raputage neile paar korda taignarullig Pane purustatud vürtsid ja pähklid kvartisuurusesse müüripurki.

b) Köögiviljakoorija abil eemalda apelsinilt koor (ilma valg südamikuta) ja lõika koor õhukesteks ribadeks.

c) Lisage purki apelsinikoor, võilillejuur, piparmünt, rosmariin, salv ja vaniljekaun.

d) Lisage viin või Everclear. Segage, katke ja märgistage sisu kuupäev. Laske tõmmata 6 nädalat pimedas kohas. Märkige on kalendrisse 6 nädalat ette, et te ei unustaks seda pingutada.

e) 6 nädala pärast kurna vedelik läbi peene silmaga sõela puhta liitrisesse masonpurki. Visake kuivained ära.

f) Valmistage lihtne siirup, soojendades vett ja suhkrut ko keskmisel kuumusel, kuni suhkur on lahustunud.

g) Lisage ürtidega infundeeritud viinale ¼ tassi kaupa sooja siirup (või asendage mett või vahtrasiirupit), segage hoolikalt maitsestage, kuni saate oma maitsele sobiva mõru ja magu kombinatsiooni.

h) Amaro muutub pehmemaks ja maitseb vananedes aina paremin

94. Artišoki leht ja apteegitilli mahl

KOOSTISOSAD:
- 1 tl artišoki lehti, peeneks hakitud
- 1 keskmine apteegitilli sibul
- 4 värsket võilillelehte
- 4 selleri vart
- 1/2 kabatšokki

JUHISED:
a) Valage kõik koostisosad mahlaks, segage hoolikalt ja jooge.
b) Kui leiate, et mahl on liiga mõru, lahjendage seda mõn mineraalveega, kuni see maitseb meeldivalt.

95. Vürtsikas ananassi ja rukola mocktail

KOOSTISOSAD:
- 4 väikest habanero tšillit
- 4 supilusikatäit mett
- 1 näputäis jahvatatud muskaatpähklit
- 1 kilo võilillelehti
- 1 nael rukola lehti
- 8 untsi ananassimahla

JUHISED:
a) Kuumuta potis habanero koos mee, muskaatpähkli ja 4 unt veega, kuni segu muutub paksuks.
b) Segage habanero segu, võilillelehed, rukola, ananassimahl ja untsi vett ühtlaseks massiks.
c) Kurna ja jahuta külmkapis.
d) Vala segu 4 klaasi ja serveeri kohe.

96. Võilille limonaad

KOOSTISOSAD:
- 1 tass võilille kroonlehti (ainult kollased osad)
- 1 tass värskelt pressitud sidrunimahla
- 1/2 tassi mett
- 4 tassi vett
- Jääkuubikud

JUHISED:
a) Sega kannus võilille kroonlehed, sidrunimahl, mesi ja vesi.
b) Sega, kuni mesi lahustub.
c) Tõsta mõneks tunniks külmkappi.
d) Serveeri jää peal. Ainulaadne ja lilleline limonaad!

97. Bradbury võilillevein

KOOSTISOSAD:
- 6-8 tassi võililli, kergelt pakitud
- 1 gallon vett
- 3 naela. suhkur või 3½ naela. kallis
- 1 tl. pärmi toitaine
- ¼ tl. tanniin
- 3 tl. happesegu või 2 värske sidruni mahl
- 1 Campdeni tablett, purustatud (valikuline)
- 1 pakk šampanjat või Montrachet pärmi

JUHISED:
a) Korjake võililli piirkonnast, mis ei ole autode või koer heitgaasidega saastatud. See ei pruugi olla lihtne, sest võilil armastavad häiritud pinnast nagu teeääred. Veenduge, et või poleks pritsitud herbitsiidiga.
b) Koguge need ja kõik lilled kokku, kui nad on õitsenud hommikune kaste on kuivanud. Just siis on aroom parim.
c) Neid on kuidagi tüütu korjata, kuna need on maapinnast madala aga pange põlvekaitsmed jalga ja minge järele. Vein on seda vää
d) Enamik inimesi ei mõista, kui lõhnavad võililled on. Nad on r lemmiklill.
e) Pärast nende korjamist eemaldage kõik rohelised osad, eriti va mis on kibe. Töödelge neid niipea kui võimalik, ilma pesemata, säilitada õrn aroom. Vein ei jää kollaseks. Paljud inimesed arvava et see peaks olema, kuid see pole nii. Tegelikult pole värv tõe üldse väga imeline. Maitse on.
f) Hoidke võilillveini aasta enne selle joomist. Mulle meeldib s kuiv kuiv kuiv. Stabiliseerige ja magustage, kui arvate, et tunne end sellest erinevalt. Lugege hr Bradbury raamatuid, kuid ol temaga lifti jagamisel ettevaatlik.

98.Mint Roheline Vaarika smuuti

KOOSTISOSAD:
- 1½ tassi võilillerohelist
- ¼ tassi hakitud piparmünt
- 2½ tassi külmutatud vaarikaid
- 2 kivideta Medjooli datlit (leotatud ja pehmendatud)
- 2 spl jahvatatud linaseemneid
- ½ tassi vett

JUHISED:
a) Alustage veega, seejärel lisage kõik koostisosad ja segage ku segunemiseni.

99. Vürtsikas võililleroheliste mahl

KOOSTISOSAD:
- 1 pirn radicchio
- 1 hunnik võilillerohelist
- 1 hunnik värsket koriandrit
- 1 laim
- Natuke Cayenne'i pipart

JUHISED:
a) Töötle koostisosi mahlapressis vastavalt tootja juhistele.

100.Maitsev troopiline smuuti

KOOSTISOSAD:
- ½ tassi külmutatud kiivi
- ½ tassi külmutatud papaiat
- 1 tass külmutatud mangot
- 1 tass külmutatud ananassi
- 1 tass võilille mikrorohelist
- 1 tass värsket apelsinimahla

JUHISED:
a) Kombineeri kõik koostisosad blenderis ja blenderda ühtlaseks massiks.

KOKKUVÕTE

Kui lõpetame oma teekonna läbi võililleköögi maailma, loodan, et tunnete inspiratsiooni, et uurida toiduvalmistamise metsikut külge ja võtta omaks selle tagasihoidliku, kuid mitmekülgse koostisosa kulinaarne potentsiaal. "TÄIELIK VÕILILLE KOKARAAMAT" on loodud kirega tervisliku ja jätkusuutliku köögi vastu, tähistades looduse ilu ja küllust.

Kulinaarseid seiklusi jätkates pidage meeles, et võililled on midagi enamat kui lihtsalt umbrohi – need on toitev ja maitsev koostisosa, mis ootab avastamist. Ükskõik, kas naudite särtsakat võilillesalatit, rüübate värskendavat võililleteed või nautite dekadentlikku võilillemagustoitu, võib iga suupiste tähistada loodusmaailma rikkust ja mitmekesisust.

Aitäh, et liitusite minuga sellel kulinaarsel teekonnal. Olgu teie köök alati täis loovust, teie toidud alati tervislikud ja teie tunnustus köögi metsiku poole vastu kasvab jätkuvalt. Kohtumiseni, head kokkamist ja head isu!

www.ingramcontent.com/pod-product-compliance
Lightning Source LLC
Chambersburg PA
CBHW070413120526
44590CB00014B/1384